Wissenschaftliches Arbeiten

Zu Konzeption, Durchführung und Auswertung
von Einführungsseminaren für Studierende
sozialer und pädagogischer Fächer

von

Bernd Sommer

Tectum Verlag
Marburg 2004

Sommer, Bernd:
Wissenschaftliches Arbeiten.
Zu Konzeption, Durchführung und Auswertung
von Einführungsseminaren für Studierende
sozialer und pädagogischer Fächer.
/ von Bernd Sommer
- Marburg : Tectum Verlag, 2004
ISBN 978-3-8288-8666-7

© Tectum Verlag

Tectum Verlag
Marburg 2004

Für Dr. Jochen Vollbehr, Wagersrott,
der mich während meiner Schulzeit, im Rahmen des
Biologie-Leistungskurses, in die Grundgedanken
Wissenschaftlichen Arbeitens einführte.
Ihm gebührt neben der Einsicht in die Notwendigkeit systematisch-
wissenschaftlichen Arbeitens auch und insbesondere Dank für die
Förderung auf persönlicher und zwischenmenschlicher Ebene.
Auch nach über zwei Jahrzehnten seit Ende meiner Schulzeit
kann ich immer wieder auf die damals vermittelten Grundlagen
und „übergeordneten" Erkenntnisse zurückgreifen,
wie ich auch den positiv-gestalterischen Einfluß von ihm
auf den weiteren Verlauf meines beruflichen
und privaten Lebens wahrnehmen und schätzen kann.

Dir, Jochen, sei hiermit herzlich gedankt.

Bernd Sommer

Singen/Htwl., im September 2003

Vorwort

Professionell in der Sozialen Arbeit tätigen Mitarbeitern wird oftmals vorgeworfen, sie handelten in ihrer beruflichen Praxis „aus dem Bauche heraus". Dieses gefühlsmäßige Wahrnehmen und Erfassen von Menschen und Situationen kann aber, wenn auch Denk- und Handlungsalternativen zur Verfügung stehen, sehr wohl eine Ergänzung zu einem rein sachlichen, rationalen Vorgehen in der Sozialen Arbeit darstellen.

Während *Alltagswissen* durch Erkenntnisse in dem und durch den Alltag eines Menschen erworben wird, somit subjektiv wahrgenommene Erlebnisse und Erfahrungen aus der persönlichen Lebenswelt darstellt, ist *Wissenschaftliches Wissen* u.a. dadurch gekennzeichnet, „daß einerseits Kenntnis erweitert wird, andererseits aber zugleich auch die *Bedingungen der Erkenntnisgewinnung* hinterfragt werden" (ENGELKE 1993[2], 25).

Diesen Aussagen ENGELKEs (1993) folgend stellt *Berufswissen* eine Verbindung von *Alltagswissen* und *Wissenschaftlichem Wissen* dar, eine Verbindung, in deren Rahmen u.U. langjährige berufliche Erfahrungen in einem Aufgabenfeld, den in der praktischen Arbeit erprobten Lösungsmöglichkeiten wie auch den Anforderungen einer sich fortentwickelnden wissenschaftlichen Forschung Rechnung getragen werden müsse (vgl. ENGELKE 1993[2], 23 ff.).

Pädagogen selbst sind folglich aufgerufen, dem vielfach erhobenen Vorwurf einer „Pädagogik aus dem Bauche heraus" zu begegnen, indem sie die Grundlagen (sozial-)pädagogischen Handelns benennen und im weiteren wissenschaftlich zu begründen suchen, ihr eigenes Tun kritisch reflektieren und die Ergebnisse dieser Prozesse wiederum in die Diskussion pädagogischer bzw. erziehungswissenschaftlicher Theorie und Praxis einmünden lassen.

Diese Diskrepanz, die sich in der beruflichen Wirklichkeit zwischen einer vielfach angewandten „gefühlsmäßig" bestimmten „Pädagogik aus dem Bauche heraus" und methodisch abgesicherten, systematisch konzipierten, die individuellen Voraussetzungen eines Einzelnen oder einer Gruppe bedenkenden, wissenschaftlich begründeten Vorgehensweisen unter Einbeziehung didaktischer Grundsätze zeigt, kann nur dann in zufriedenstellender Weise aufgelöst werden, wenn es gelingt, die pädagogischen Mitarbeiter für die Notwendigkeit zu sensibilisieren, Prinzipien pädagogischen Arbeitens auf der Grundlage (erziehungs-)wissenschaftlicher Erkenntnisse zu entwickeln und diese in den Berufsalltag einzupassen (vgl. SOMMER 1999, 45 ff.; vgl. auch SOMMER 2002 c).

An dieser Stelle des Gedankenganges nun setzen die Überlegungen in dem vorliegenden Band ein:

Mit Hilfe wissenschaftlicher Arbeitsmethoden und -techniken aufbereitetes Wissen scheint - ähnlich wie in anderen beruflichen Bereichen - eine der wesentlichen Grundlagen für professionelles Denken und Handeln in der Sozialen Arbeit zu sein.

Das Beherrschen des „Handwerkszeuges" *Wissenschaftliches Arbeiten* wie auch das konsequent erfolgende Umsetzen didaktischen Grundwissens stellen konstituierende Merkmale in Lehr-Lern-Situationen dar, zwei bedeutsame Aspekte, die in der Verbindung zueinander bisher in der einschlägigen Lehre, Forschung und Literatur kaum bearbeitet wurden.

Im Mittelpunkt des vorliegenden Bandes stehen Grundsatzüberlegungen zu Konzeption, Durchführung und Auswertung von Einführungsveranstaltungen *Wissenschaftliches Arbeiten* für Studierende sozialer und pädagogischer Berufe. Dabei werden die didaktisch relevanten Fragen nach dem „Was", „Wie", „Wohin" und „Warum" im Zusammenhang mit *Wissenschaftlichem Arbeiten* angesprochen.

Zum einen werden Ergebnisse einer theoretischen Auseinandersetzung mit dem Themenbereich „*Wissenschaftliches Arbeiten* und dessen Vermittlung in Veranstaltungen der akademischen und nicht-akademischen Lehre" skizziert, zum anderen werden im Rahmen der Argumentation die Prozesse von Konzipieren, Durchführen und Auswerten von „Einführungsseminaren in das *Wissenschaftliche Arbeiten* für Studierende sozialer und pädagogischer Berufe" thematisiert.

Die Ausarbeitung von zwei im Anhang veröffentlichten Exkursen dient den Zielsetzungen, Grundbegriffe von didaktischem Denken und Handeln zu erläutern (Exkurs 1) wie auch ein möglichst systematisch erfolgendes Vorgehen bei dem Prozeß des Planens und Ausarbeitens schriftlicher wissenschaftlicher Projekte zu ermöglichen (Exkurs 2).

Es soll im Rahmen der vorliegenden Ausführungen u.a. deutlich werden, daß allen Bemühungen *Wissenschaftlichen Arbeitens* Prinzipien zugrunde liegen, die erlernt, in der Anwendung verfeinert und in Studium, Ausbildung und späterer Berufstätigkeit sinnvoll und Sinn bringend angewendet werden können.

Diese immer wiederkehrenden Prinzipien für Studierende einer Einführungsveranstaltung *Wissenschaftliches Arbeiten* nachvollziehbar zu veranschaulichen, ist erklärtermaßen als eine weitere Zielsetzung im Rahmen der angestellten Überlegungen formuliert.

Kritische Anmerkungen, konstruktive Rückmeldungen sowie Berichte von Erfahrungen zu Einführungsveranstaltungen in das *Wissenschaftliche Arbeiten* (aus der Sicht von Studierenden und Lehrenden) sind ausdrücklich erwünscht, um diesen bisher nahezu gänzlich vernachlässigten Bereich wissenschaftlicher Lehre und Forschung aufzuhellen.

Bernd Sommer

Singen/Htwl., im September 2003

Inhaltsübersicht

Seite

1. Einleitung
1.1. Einführung 11
1.2. Problemhintergrund 13
1.3. Fragestellungen 17

2. Konzeptionelle Grundsatzüberlegungen im Überblick
2.1. Einführung 21
2.2. Zur Formulierung grundlegender und „übergeordneter" Lehr-, Lern- und Handlungsziele 23
2.3. Grundlagen des didaktischen Arbeitsansatzes von *Teilnehmer-* und *Prozeßorientiertheit* 27

3. Wissenschaftliches Arbeiten - Zu Konzeption, Durchführung und Auswertung von Einführungsseminaren
3.1. Einführung in konzeptionelle Überlegungen für eine Lehrveranstaltung *Wissenschaftliches Arbeiten* 33
3.2. Inhaltliche Schwerpunkte und didaktische Arbeitsmaterialien
    3.2.1. Die erste Seminar-Sitzung „Zur Einführung in das *Wissenschaftliche Arbeiten*" 36
        3.2.1.1. Einführung 36
        3.2.1.2. Didaktische Arbeitsmaterialien 37
        3.2.1.3. Zusammenfassung und Einordnung der Ergebnisse 45
    3.2.2. Die zweite Seminar-Sitzung „Zur Vorbereitung der Referate" 48
    3.2.3. Die dritte, vierte und fünfte Seminar-Sitzung „Abhalten der Referate - *Referatskritik*" 50
        3.2.3.1. Einführung 50
        3.2.3.2. Didaktische Überlegungen 51
        3.2.3.3. Zusammenfassung und Einordnung der Ergebnisse 59
    3.2.4. Die sechste und siebente Seminar-Sitzung „Schriftliche Wissenschaftliche Arbeiten - Hausarbeit, Diplomarbeit" 60
        3.2.4.1. Einführung 60
        3.2.4.2. Didaktische Arbeitsmaterialien 61
        3.2.4.3. Zusammenfassung der Ergebnisse 69
    3.2.5. Die achte Seminar-Sitzung „Abschlußsitzung" 70

Seite

4. Didaktische Grundsatzüberlegungen zu einem Einführungsseminar *Wissenschaftliches Arbeiten*
4.1. Zusammenfassung und Diskussion der Ergebnisse   73
4.2. *Wissenschaftliches Arbeiten* unter dem Blickwinkel von Fragen der *Didaktik* (Vermittlung) - Versuch einer vorläufigen Einordnung   77
4.3. Ausblick   79

Anhang   81

Exkurs 1
Lernen und *Didaktik* als zentrale Aspekte in pädagogischen Denk- und Handlungszusammenhängen - Eine Einführung in didaktisch-methodische Grundüberlegungen   83

Exkurs 2
Schriftliche wissenschaftliche Arbeiten - Eine Einführung in Grundgedanken und Grundlagen *Wissenschaftlicher(n) Arbeiten(s)*   103

Literaturverzeichnis   145

Angaben zu dem Verfasser   151

1. Einleitung

1.1. Einführung

Wer sich mit der Planung, Durchführung, Auswertung und der kritischen Reflexion von Einführungsveranstaltungen in den Themenbereich *Wissenschaftliches Arbeiten* für Studierende sozialer und pädagogischer Ausbildungs- und Studiengänge beschäftigt, sieht sich bei näherer Betrachtung der einschlägigen Literatur unweigerlich einer offensichtlich werdenden Diskrepanz gegenüber: Einerseits lassen sich eine Vielzahl und Vielfalt von Veröffentlichungen zum Themenbereich *Wissenschaftliches Arbeiten* beobachten, die zum großen Teil fachwissenschaftlich und fachdisziplinär ausgerichtet sind (vgl. BANGO 2000, BADRY et al. 1998[3], JACOB 1997, JUNNE 1993[3], PETERSSEN 1996[5]), die in unterschiedlich ausgeprägter Qualität Hilfestellungen zum Erlernen grundlegender Techniken *Wissenschaftlichen Arbeitens* anbieten bzw. einen Überblick über unterschiedliche Arbeitsweisen und formale wie inhaltliche Anforderungen an *Wissenschaftliche(s) Arbeiten* ermöglichen (sollen), andererseits ist von wenigen Ausnahmen abgesehen das gänzliche Fehlen von Einführungs- bzw. Standardliteratur zum Bereich *Didaktische Überlegungen und Wissenschaftliches Arbeiten* zu beklagen, Hinweise also, die potentiellen Veranstaltungs- und Seminarleitern für die Erarbeitung didaktischer Grundsatzüberlegungen wie auch für die Beantwortung methodisch nur schwer zu lösender Fragen der Vermittlung *Wissenschaftlichen Arbeitens* in nicht-akademischer Ausbildung und akademischer Lehre dienlich sein könnten (vgl. RÜCKRIEM/STARY 1996, SOMMER 2000 a).

Der im folgenden darzustellende didaktische Arbeitsansatz von auf *Teilnehmer-* und *Prozeßorientiertheit* aufbauenden Einführungsseminaren *Wissenschaftliches Arbeiten* findet seine methodische und inhaltliche Rechtfertigung auf der Grundlage der Planung, Durchführung, Auswertung und (selbst-)kritischen Reflexion von mehr als 20 in den Jahren 1997-2003 an den Fachbereichen Sozialwesen und Sozialwirtschaft einer baden-württembergischen Berufsakademie durchgeführten, jeweils 24-stündigen Veranstaltungen für Erstsemester-Studenten, einer 20 Stunden und einer 60 Stunden umfassenden *Einführung in das Wissenschaftliche Arbeiten* für Studentinnen und Studenten einer Fachschule für Ergotherapie, eines 16-stündigen Einführungsseminars *Wissenschaftliches Arbeiten* für Physiotherapeuten sowie einer Vielzahl von Einführungskursen in das *Wissenschaftliche Arbeiten* für Studierende des Fachbereiches Kultur- und Sozialwissenschaften an der Fern-Universität in Hagen.

Die grundsätzlich für alle Veranstaltungen der nicht-akademischen Ausbildung und akademischen Lehre gleichermaßen geltende, als übergeordnet bezeichenbare Überlegung der besonderen Bedeutung didaktisch-methodischer Entscheidungen hinsichtlich der Planung, Konzipierung, Durchführung, Auswertung und (selbst-) kritischen Reflexion von Lehrveranstaltungen führt als *didaktischer Leitsatz* im Zuge der Betrachtung des Themenkomplexes *Einführung in das Wissenschaftliche Arbeiten* für Studenten sozialer und pädagogischer Ausbildungs- und Studiengänge zu der Formulierung der folgenden Ausgangshypothese, die im Fortgang des vorliegenden Einführungsbandes schrittweise konkretisiert werden wird:

> Didaktisch-methodische Entscheidungen sind grundsätzlich für Planung, Durchführung und Auswertung von Seminaren bedeutsam; sie gewinnen insbesondere im Rahmen von Einführungsveranstaltungen in den Themenbereich *Wissenschaftliches Arbeiten* grundlegende Bedeutung für das Erreichen übergeordneter, für angehende Mitarbeiter/innen sozialer und pädagogischer Berufsgruppen relevanter Lehr-, Lern- und Handlungsziele, für den Erwerb theoretischen Grundlagenwissens und praxisbezogener Handlungsmöglichkeiten wie auch für das kritische Reflektieren praktischer Lern- und Arbeitserfahrungen (vgl. SOMMER 1998 b, 414; SOMMER 2000 b, 23 ff.).

Diese Grundsatzposition erfordert in aller notwendigen Kürze Ausführungen zum allgemeinen wie zu dem im Denk- und Arbeitszusammenhang mit Ausbildung/ Lehre in sozialen und pädagogischen Berufen verwendeten *Didaktik*-Begriff (vgl. Kap. 2; vgl. auch Exkurs 1, S. 83 ff.).

Einführungsveranstaltungen in den Themenbereich *Wissenschaftliches Arbeiten* eröffnen Studierenden sozialer und pädagogischer Ausbildungs- bzw. Studien-

gänge neben einer ersten Sensibilisierung für grundlegende inhaltlich-fachliche Aspekte (Grundformen und Grundtechniken *Wissenschaftlichen Arbeitens*) auf vielfältigen Ebenen Möglichkeiten,
- ihre individuell unterschiedlichen Lern- und Arbeitsstile wahrzunehmen und in der Folgezeit zu verfeinern,
- einführende Kenntnisse in forschungsmethodologische Fragestellungen zu gewinnen
- sowie didaktisch-methodische Kompetenzen hinsichtlich berufsrelevantem Denken und Handeln in der Sozialen Arbeit zu erwerben (vgl. u.a. SOMMER 2002 c).

Diese These mit ihrem exemplarisch auf den Themenbereich *Didaktik und Wissenschaftliches Arbeiten* abzielenden Bezug wird im folgenden anhand einer übersichtartigen Darstellung ausgewählter Aspekte von Einführungsveranstaltungen in das *Wissenschaftliche Arbeiten* erläutert.

1.2. Problemhintergrund

Wissenschaftliches Arbeiten, und dies stellt eine der Ausgangsbeobachtungen des vorliegenden Einführungsbandes dar, scheint bei kritischer Betrachtung von Ausbildungsrichtlinien und Studienordnungen wie auch von der Praxis von Lehrveranstaltungen im Rahmen von Ausbildungs- und Studiengängen, die zu berufsqualifizierenden Abschlüssen in der Sozialen Arbeit führen, keinen qualitativ hoch anzusiedelnden Stellenwert einzunehmen.

Diese Beobachtung ist um so erstaunlicher, als das sichere Beherrschen grundlegender Lese- und Arbeitstechniken, das Konzipieren, Vorbereiten, Ausarbeiten und Abhalten von mündlichen Referaten wie auch das möglichst systematisch erfolgende Planen und Abfassen schriftlicher wissenschaftlicher Arbeiten (wie beispielsweise Praktikums- und Reflexionsbericht, Haus- und Abschlußarbeit bzw. Seminar- und Diplomarbeit) in demselben Maße als unabdingbare Voraussetzungen für den erfolgreichen Verlauf und Abschluß einer (Berufs)- Ausbildung bzw. eines wissenschaftlichen Studiums anzusehen sind wie die grundlegende Fähigkeit, *lernen* zu können.

Bereits im Jahre 1975 beschrieb WOLFF im Rahmen der Betrachtung hochschuldidaktischer Fragestellungen die Beobachtung, es sei „nicht unproblematisch, angesichts der gegenwärtigen Hochschulsituation der Notwendigkeit der didaktischen Reflexion der universitären Lehre das Wort zu reden. Denn in einer Situation, die durch Überfüllung und wichtiger noch durch einen permanenten Struktur- und Zielkonflikt darüber, was die Universität leisten solle, gekennzeichnet ist, ist Hochschuldidaktik immer mehr zu einem bloßen Moment von Krisenmanagement geworden und in den Umkreis weitgehend repressiver Lern- und Arbeitskonzeption geraten" (WOLFF 1975, 357).

Andererseits sei die Meinung, „ein wissenschaftliches Problem trage sich gewissermaßen von selber vor, man müsse nur recht zuhören, bzw. die Universität stelle die Befähigung zum Lernen nicht her, sondern sie setze sie voraus, nur Ausdruck einer elitären Einstellung, die darauf hinausläuft, hohe Anforderungen zu stellen, aber nicht zu sagen, wie die Studenten sie erfüllen sollen" (WOLFF 1975, 357).

Gewisse Parallelen zur aktuellen Situation in Einrichtungen des tertiären Bildungswesens können auch nach nahezu 30 Jahren, die seit Veröffentlichung des Aufsatzes von WOLFF (1975) vergangen sind, nicht übersehen werden:

Wer wie beispielsweise der Verfasser in der akademischen Ausbildung von Studenten der Sozialpädagogik und Sozialwirtschaft sowie der von Studierenden der Fern-Universität in Hagen, gleichzeitig in der von Studierenden nicht-akademischer Ausbildungsgängen (Ergotherapie, Krankengymnastik) tätig ist, dort u.a. im Bereich der Vermittlung von Grundgedanken und -techniken *Wissenschaftlichen Arbeitens* (deren Kenntnis bzw. deren Beherrschen wesentliche Grundvoraussetzungen und gleichzeitig wesentliche Grundlagen von *Lernen in akademischen* und *nicht-akademischen Arbeitsbereichen* darstellen), der wird nicht um die Erkenntnis umhin kommen, daß auf diesen grundlegende Bedeutung für den weiteren Fortgang und erfolgreichen Ausgang wie auch für die spätere Berufstätigkeit tragenden Bereich nicht-akademischer Ausbildung und akademischer Lehre sehr wenig Gewicht gelegt wird.

Die Rückmeldungen vieler Studierender auf die Frage „Haben Sie während Ihrer Schul- oder Studienzeit das *Lernen* gelernt?", wird erfahrungsgemäß nur von sehr wenigen im positiven Sinne beantwortet.

So wurden beispielsweise im Dezember 1998, nach Ende der Einführungsveranstaltungen *Wissenschaftliches Arbeiten* für Studenten der Fachbereiche Sozialwesen und Sozialwirtschaft an der Berufsakademie Villingen-Schwenningen, 92 von 113 Erstsemestern u.a. um ihre Meinung zu der Frage gebeten „Haben Sie im Verlaufe Ihrer Schulzeit bzw. während Ihres Studiums an einer Fachhochschule, Pädagogischen Hochschule oder Universität (außerhalb der BA) *gelernt*, wissenschaftlich zu arbeiten?"

69 der 92 befragten Studenten (das entspricht einem prozentualen Anteil von 75%) antworteten mit einem klaren „Nein", während die übrigen 23 der 92 befragten Studenten (das entspricht einem prozentualen Anteil von 25%) mit einem „Ja" stimmten, das jedoch über die Antworten auf die Zusatzfrage „Wenn ja, wie können Sie dieses Lernen in Stichworten beschreiben?" in ihren inhaltlichen Aussagen relativiert wurde (vgl. SOMMER 2002 b, 19 ff.).

Dieses offensichtlich werdende Versagen der schulischen Bildungseinrichtungen scheint sich aufgrund von Beobachtungen aus der alltäglichen Lehrpraxis auch in den Bereichen der tertiären Bildungsinstitutionen und der beruflichen Ausbildung fortzusetzen.

In diesem gedanklichen Zusammenhang wird ein Widerspruch deutlich, der den Ausgangspunkt und gleichzeitig einen der entscheidenden Beweggründe für die Ausarbeitung des vorliegenden Bandes darstellt:

Einerseits, und dies ist eine nicht rein auf subjektiver Wahrnehmung basierende, sondern eher als allgemeingültig zu betrachtende Beobachtung, scheint auf die wissenschaftliche Ausbildung von Studierenden der Sozialen Arbeit von Seiten der verantwortlichen Bildungspolitiker und hauptamtlich Lehrenden wenig Wert gelegt zu werden, was sich u.a. an der Qualität mündlicher Leistungen wie dem Ausarbeiten und Abhalten von Referaten, aber auch an der Qualität, nicht an der Bewertung schriftlich verfaßter wissenschaftlicher Arbeiten wie beispielsweise Seminar- und Diplomarbeiten ablesen läßt.

Andererseits wird die Anwendung grundlegender Techniken *Wissenschaftlichen Arbeitens* als „selbstverständlich" vorausgesetzt und als ein Kriterium für professionelles Denken und Handeln in Aufgabenbereichen Sozialer Arbeit angesehen.

Diese Behauptung mag gewiß nicht auf alle akademischen und nichtakademischen Einrichtungen der Sozialen Arbeit zutreffen, die Studierende ausbilden.

Dennoch lassen sich über die Klagen der Studierenden sowie über die Sichtung von Studien- und Prüfungsordnungen wie auch Curricula unterschiedlicher Ausbildungseinrichtungen Tendenzen erfassen, die *Wissenschaftliches Arbeiten* eher als Randdisziplin denn als allgemein anerkannte Grundlagendisziplin im Rahmen (sozial-)wissenschaftlicher bzw. (sozial-)pädagogischer Ausbildungs- und Studiengänge ausweisen.

Die nach Vorstellung vieler Lehrender spätestens während der gymnasialen Oberstufen-Zeit als „Soll-Vorschrift" ausgeprägten Fähigkeiten, i.w.S. *wissenschaftlich* arbeiten zu können, fließen ein in die Bewertung und Beurteilung von mündlich wie schriftlich zu erbringenden Leistungen der Studierenden, ohne daß in deren Lern- und Arbeitswirklichkeit davon ausgegangen werden kann, daß die geforderten Kenntnisse vorhanden sind und Grundtechniken *Wissenschaftlichen Arbeitens* tatsächlich beherrscht werden.

In diesem gedanklichen Zusammenhang läßt sich die Beobachtung von JACOB (1997) nachvollziehen, wonach „systematische Einführungen in die Techniken wissenschaftlichen Arbeitens an deutschen Universitäten eher die Ausnahme sind. Entsprechende Fähigkeiten werden häufig entweder stillschweigend vorausgesetzt oder man verweist ganz allgemein auf die entsprechende Literatur. Selten nur wird der essentielle Stellenwert der Aneignung und Beherrschung solcher Techniken für den Studien- und den späteren Berufserfolg deutlich gemacht" (JACOB 1997, 8).

Wird von der Berechtigung der Meinung von JUNNE (1993) ausgegangen, nach der ein Studium „aus dem Besuch von Lehrveranstaltungen, (...) aus eigener Lektüre, (...) aus der Anfertigung eigener wissenschaftlicher Arbeiten, (...) aus der Arbeit in Arbeitsgruppen, (...) aus der Diskussion in Lehrveranstaltungen und Arbeitsgruppen" (JUNNE 1993[3], 15; Auslassungen durch d. Verf.) bestehe, so wird unter besonderer Berücksichtigung didaktischer Fragestellungen in diesem Zusammenhang die Bedeutung des Erlernens von Grundtechniken *Wissenschaftlichen Arbeitens* bzw. des Vertiefens bereits gewonnener (Er-)Kenntnisse deutlich.

Insbesondere Studierende in der ersten Phase ihrer beruflichen Ausbildung bzw. in den Anfangssemestern ihres Studiums können die Anforderungen an die unterschiedlichen Formen *Wissenschaftlichen Arbeitens* in formaler, methodischer und inhaltlicher Hinsicht nicht allein aufgrund der in der Schule vermittelten Kenntnisse bewältigen.

Eine zielgerichtete, systematisch erfolgende, möglichst praxis- und anwendungsbezogene Ausbildung zum Erwerb grundlegender Techniken wie
- das Lesen und Bearbeiten (Exzerpieren sowie als Wissen Verfügbar-Machen) wissenschaftlicher Texte,
- das Planen, Konzipieren, Abhalten und (selbst-)kritischen Reflektieren von Referaten,
- die Denk- und Arbeitsschritte Planen, Vorbereiten, Ausarbeiten und Anfertigen schriftlicher Arbeiten,
- das gemeinsam erfolgende Arbeiten in Gruppen
- wie auch das Diskutieren in Plenum und Arbeitsgruppen

bedarf vielmehr auf didaktisch-methodisch begründeten, inhaltlich an den individuell unterschiedlichen Arbeitsstilen und (Vor-)Erfahrungen der Seminarteilnehmer anknüpfenden Überlegungen, in deren Rahmen die Lernfortschritte einer ständigen (Selbst-)Kontrolle unterliegen (sollten).

1.3. Fragestellungen

Eine wesentliche Zielsetzung der in unterschiedlichen Ausbildungs- und Studiengängen angebotenen Einführungsveranstaltungen in den Themenbereich *Wissenschaftliches Arbeiten* für Studierende sozialer und pädagogischer Berufsgruppen besteht in der im folgenden didaktisch-methodisch wie inhaltlich zu begründenden Überlegung, daß die Seminarteilnehmer im Laufe der Veranstaltungen grundlegende Techniken *Wissenschaftlichen Arbeitens* kennenler-

nen, praktisch anwenden und sie möglichst als notwendiges „Handwerkszeug" für ihr weiteres Studium bzw. ihre Ausbildung wie auch für die sie in ihrer späteren beruflichen Tätigkeit erwartenden Anforderungen erkennen lernen sollen. Diese Zielsetzung entspricht den konzeptionellen Vorgaben einer/eines auf Praxisnähe ausgerichteten Ausbildung/Studiums mit qualifizierenden Berufsabschlüssen in Sozialer Arbeit.
So wird beispielsweise im Studienführer des Fachbereichs Sozialwesen an der Berufsakademie Villingen-Schwenningen (1994) als ein „besonderes Merkmal des dualen Ausbildungssystems (...) die Verknüpfung von theoretischer Ausbildung an der Studienakademie mit der intensiven, systematischen und reflektierten praktischen Ausbildung in sechs Praxisphasen durch die Ausbildungsstätten (hervorgehoben, Zusatz d. Verf.). Dabei erwerben die Studierenden von Beginn an Erfahrungen in der sozialen Arbeit, werden mit den verschiedenen Problemlagen der Klienten und den institutionellen, gesellschaftspolitischen und ökonomischen Rahmenbedingungen konfrontiert und müssen in zunehmend verantwortungsvoller Tätigkeit berufliche Handlungskompetenz und berufsrollenspezifisches Selbstverständnis gewinnen" (Berufsakademie Villingen-Schwenningen 1994, 4; Auslassungen durch d. Verf.). Dabei werde der Vermittlung professioneller Handlungskompetenz, die die „Entwicklung und Beherrschung aller für die Berufsausübung entscheidenden oder wichtigen Fähigkeiten und Fertigkeiten" (Berufsakademie Villingen-Schwenningen 1994, 5) umfasse - unter Handlungskompetenz werde in diesem Zusammenhang die sogenannte Fachkompetenz (Theorie- und Methodenkompetenz) und die sogenannte Sozialkompetenz (kommunikative und persönliche Kompetenz) verstanden -, zentraler Stellenwert zugeschrieben.
Im Zusammenhang mit Grundsatzüberlegungen zu didaktischen Fragestellungen hinsichtlich des Themenkomplexes *Wissenschaftliches Arbeiten* kann das von SOMMER (1998) als „übergeordnet" bezeichnete Lern- und Handlungsziel abgeleitet werden, wonach Studierende der Sozialen Arbeit „im Laufe ihres Studiums lernen (sollten), theoretische Kenntnisse und praktische Erfahrungen aus unterschiedlichen Arbeitszusammenhängen hinsichtlich inhaltlicher wie methodischer Dimensionen aufeinander beziehen zu können. Dies setzt einer-

seits eine kritische Auseinandersetzung mit an der (jeweiligen Ausbildungseinrichtung, Zusatz d. Verf.) vermittelten theoretischen Inhalten und methodischen Kenntnissen voraus, andererseits stellt die Reflexion eigener biographischer Erfahrungen eine wichtige Voraussetzung für deren spätere 'Verwertbarkeit' in der beruflichen Praxis dar" (SOMMER 1998 b, 415).

In der Ankündigung zu den Einführungsveranstaltungen in das *Wissenschaftliche Arbeiten* wird demnach unter dem Stichwort möglicher und sinnvoll erscheinender Arbeits- und Sozialformen u.a. beschrieben (vgl. S. 37 ff.), daß
- Inhalte des Seminars die Arbeitsformen bestimmten (und umgekehrt),
- daß die Seminarteilnehmer Gelegenheit hätten, grundlegende Techniken *Wissenschaftlichen Arbeitens* anwendungsbezogen zu erlernen bzw. zu vertiefen unter Beachten des Grundsatzes: nicht theoretische Unterweisung, sondern eigenes praktisches Tun.

Im Zusammenhang mit den bereits angestellten Überlegungen zum Themenbereich *Didaktik und Wissenschaftliches Arbeiten* lassen sich in dem vorliegenden Einführungsband folgende Fragestellungen formulieren, an deren Beantwortung sich schrittweise angenähert werden soll:

(1) Wie können Einführungsveranstaltungen in das *Wissenschaftliche Arbeiten* für Studierende sozialer und pädagogischer Ausbildungs- und Studiengänge, die vom zeitlich-organisatorischen Rahmen acht jeweils dreistündige Sitzungen vorsehen, hinsichtlich möglicher und sinnvoll erscheinender konzeptioneller, methodischer und inhaltlicher Schwerpunkte gestaltet werden ? (vgl. Kap. 2)

(2) Welche didaktisch-methodischen und inhaltlich bestimmten Entscheidungen haben sich im Verlaufe der auf *Teilnehmer-* und *Prozeßorientiertheit* angelegten Einführungsseminare *Wissenschaftliches Arbeiten* als besonders sinnvoll erwiesen ? (vgl. Kap. 3)

(3) Welche Perspektiven lassen sich im Rahmen einer ersten Aufarbeitung des Themenbereiches *Didaktische Überlegungen und Wissenschaftliches Arbeiten* für die nicht-akademische und akademische Lehre in Ausbildungs- und Studieneinrichtungen der Sozialen Arbeit ableiten ? (vgl. Kap. 4)

In diesen Kanon von Aufgabenstellungen soll in didaktisch begründeter Weise der Beantwortung weiterer Fragestellungen in Form zweier Exkurse nachgegangen werden, wobei diese Abschnitte einerseits als Ergänzung der vorliegenden Schrift angesehen, andererseits aber auch als separat zu lesende, eigenständige Teile verstanden werden können, mit deren Hilfe der Lesende bedeutsame Informationen über Grundlagen didaktisch-methodischen Denkens und Handelns (vgl. Exkurs 1, S. 83 ff.) sowie Hinweise für die Planung und Durchführung wissenschaftlicher Schreibprojekte erhalten kann (vgl. Exkurs 2, S. 103 ff.).

Im Rahmen der Überlegungen in Exkurs 2 sollen folgende Fragestellungen bearbeitet werden:

(1) Welche Kriterien sollten möglichst erfüllt werden bei schriftlichen wissenschaftlichen Projekten?

(2) Welche Arbeitsschritte sollten sinnvollerweise durchlaufen werden, damit schriftliche wissenschaftliche Arbeiten den Kriterien *Wissenschaftlichen Arbeitens* genügten?

2. Konzeptionelle Grundsatzüberlegungen im Überblick

2.1. Einführung

Das Erlernen und Erweitern von (Grund-)Kenntnissen, das Anwenden und Verfeinern von (Grund-)Techniken *Wissenschaftliches Arbeitens*, und dies ist eine weitere zentrale These des vorliegenden Einführungsbandes, stellt zum einen eine der wesentlichen Voraussetzungen für ein(e) erfolgreiche(s) Berufsausbildung/ Studium dar, zum zweiten werden diese grundlegenden Kenntnisse und Kompetenzen als „Handwerkszeug" für die im späteren Berufsleben anstehenden Aufgaben bedeutsam: Lesen, Schreiben und Reden werden im Rahmen der Diskussion (hoch-)schuldidaktischer, aber auch berufsqualifizierender Frage- und Problemstellungen als „Schlüsselqualifikationen" bezeichnet (vgl. u.a. FRANCK 2000).

Trotz der besonderen Bedeutung dieser grundlegenden Kompetenzen lassen sich im Lehr- und Ausbildungsbereich *Wissenschaftliches Arbeiten* von unterschiedlichen Seiten Klagen ausmachen:

Nach Meinung von FRANCK (2000) klagen Lehrende über Studierende, sie, die Studierenden,
- seien „unfähig, das Wesentliche eines Textes zu erfassen",
- gäben „Gelesenes ungenau und unreflektiert wieder",
- könnten „nicht zwischen eigener Meinung und dem Inhalt eines Textes unterscheiden",
- argumentierten „in Diskussionen nicht schlüssig",
- gliederten und strukturierten „Referate schlecht",
- läsen „im Seminar sechs und mehr Seiten vor statt nach Stichworten zu referieren" (FRANCK 2000, 5).

Studierende äußerten gegenüber Lehrenden die Vorwürfe, sie, die Lehrenden,
- formulierten keine klaren Aufgabenstellungen und Arbeitsaufträge,
- vermittelten „keine Methoden und Verfahren für den Umgang mit wissenschaftlicher Literatur oder die Bearbeitung einer Fragestellung",
- führten lediglich „in die Inhalte, aber nicht in die Arbeitsweisen eines Faches ein",
- ließen „Studierende mit Problemen beim Schreiben allein",

- gäben „keine konkreten Rückmeldungen, was bei einem Referat wie und warum hätte besser gemacht werden können" (FRANCK 2000, 5).

Auch KRUSE (1994) beschreibt die von ihm vorgenommene Beobachtung, wonach sich Studierende heute zwar in einer „differenzierten 'Lernumwelt' mit vielen Veranstaltungs- und Beratungsangeboten, Bibliotheken und universitären Diensten (bewegten, Zusatz d. Verf.), sie erhalten jedoch kaum persönliche Anleitung für ihre akademische Entwicklung" (KRUSE 1994, 8).
Damit ist u.a. die Frage von Qualität der Lehre und Betreuung gestellt, die insbesondere in den Anfangssemestern für Erfolg und Nichterfolg eines Studiums/einer Ausbildung bedeutsam werden können.
Solange aber, so die Meinung FRANCKs (2000), der Anreiz fehle, „didaktisch anspruchsvolle Einführungsveranstaltungen zu übernehmen, bleibt die Lehre in der Studieneingangsphase unbeliebt" (FRANCK 2000, 5 f.).
An dieser Stelle nun setzt die Formulierung der Grundgedanken im Rahmen des Projektes *Didaktische Überlegungen und Wissenschaftliches Arbeiten* an:
Grundlegende Kenntnisse und Kompetenzen im Arbeitsbereich *Wissenschaftliches Arbeiten* können als wesentliche Voraussetzungen für jede/s erfolgreiche Ausbildung/Studium bezeichnet werden.
Wissenschaftliches Arbeiten wird in dem Sinne als „Stiefkind" behandelt, als es nicht entsprechend seiner wahren Bedeutung im Zusammenhang mit didaktischen Überlegungen, d.h. Fragen der Vermittlung, thematisiert wird.
Diese Diskrepanz stellt den Ausgangspunkt für die im folgenden anzustellenden grundsätzlichen Betrachtungen dar.

2.2. Zur Formulierung grundlegender und „übergeordneter" Lehr-, Lern- und Handlungsziele

Im Rahmen des komplexen Prozesses der Planung und Konzipierung von Einführungsveranstaltungen in den Themenbereich *Wissenschaftliches Arbeiten* lassen sich Lern- und Handlungsziele aus unterschiedlichen Bereichen miteinander in Verbindung bringen, wobei die Handhabung der unterschiedlichen Begrifflichkeiten eng an die Definitionsversuche von SCHILLING (1995) angelehnt ist.

Während SCHILLING (1995) die „Ziele des *Lehrenden*, Erziehers, Pädagogen, Sozialpädagogen etc. (..., als, Zusatz d. Verf.) *Lehrziele, Erziehungsziele* oder Ziele des Pädagogen/Sozialpädagogen" bezeichnet, faßt er unter den Begriff *Handlungsziele* die „Ziele des *Lernenden* (Kinder, Jugendliche, junge Erwachsene, Erwachsene, alte Erwachsene)" (SCHILLING 1995^2, 121; Auslassungen durch d. Verf.).

Von *Lernzielen* könne nach Aussagen SCHILLINGs (1995) erst dann gesprochen werden, wenn „Ziele (gemeint sind, Zusatz d. Verf.), die aus einer gemeinsamen Sache hervorgehen, in Übereinstimmung stehen, eine Synthese darstellen, ein Eingehen oder Bestehen auf Zielen, Addition von Erziehungs- und Handlungszielen darstellen etc." (SCHILLING 1995^2, 121).

Unter den folgenden Lernzielkategorien können allgemeingültige Zielsetzungen formuliert werden, die für das theoretische Studium/den Unterricht und die praktische Ausbildung von akademischen wie nicht-akademischen Berufsgruppen in der Sozialen Arbeit relevant werden können.

Andererseits, und dies liegt im Rahmen der Betrachtung von einer auf dem didaktischen Arbeitsansatz von *Teilnehmer-* und *Prozeßorientiertheit* konzipierten Veranstaltung (vgl. Kap. 2.3.) nahe, können Lehr- und Handlungsziele, die im Zuge der in den Veranstaltungsfolgen angewandten Methoden und ausgewählten inhaltlichen Schwerpunkten realisiert werden sollen, letztlich erst in der gemeinsamen Diskussion von Veranstaltungsleiter und Veranstaltungsteilnehmern formuliert werden.

Dieser Prozeß könnte dann, würde er sich in konstruktiver und letztendlich erfolgreicher Weise entwickeln, auf der Grundlage der gemeinsam getroffenen

Absprache von Seminarteilnehmern und -leiter über methodische wie inhaltliche Frage- und Problemstellungen zu der Formulierung von *Lernzielen* im Sinne SCHILLINGs (1995) führen (vgl. SCHILLING 1995[2], 43 f., 120 f.).
In diesem Zusammenhang sei auf einen Gedanken JUNNEs (1993) verwiesen, der auf die von ihm formulierte Frage, was ein kritisches Studium sei, u.a. antwortet, ein kritisches Studium sei „ein selbstkritisches, relativ selbständiges Studium, das die angebotenen Studieninhalte und -formen nicht sang- und klanglos hinnimmt. Ein kritisches Studium erfordert zunächst, die Konsumenten-Haltung aufzugeben, mit der die meisten Studenten und Studentinnen von der Schule an die Hochschule kommen. Sie müssen lernen, die ihnen angebotenen Lehrinhalte nicht unbefragt aufzunehmen und sich in den Lehrveranstaltungen nicht nur Probleme vorgeben zu lassen, sondern sie besonders interessierende Themenbereiche eigenständig zu erarbeiten. Eine deutliche Formulierung der eigenen Interessensgebiete (die sich im Laufe des Studiums sicher erweitern und verschieben werden) bietet eine Entscheidungshilfe für die Wahl der zu besuchenden Lehrveranstaltungen (soweit diese nicht fest vorgeschrieben sind) sowie bei der Wahl der in ihrem Rahmen zu bearbeitenden Themen" (JUNNE 1993[3], 11).
Im folgenden werden als grundlegend und gleichzeitig als „übergeordnet" bezeichenbare Lehrziele schriftlich niedergelegt, eine Auflistung grundsätzlicher Ziele in Kategorien, die jedoch erst über den Weg der gemeinsamen Diskussion mit den jeweiligen Seminarteilnehmern die ihrer wahren Bedeutung angemessenen methodischen und inhaltlichen Dimensionen in Form von Lernzielen einnehmen können.

Lernbereich 1
Die grundlegende Sensibilisierung für fachlich-inhaltliche Aspekte von *Wissenschaftlichem Arbeiten* - Zum Erlernen von Grundformen und Anwenden von Grundtechniken *Wissenschaftlichen Arbeitens*
Den Seminarteilnehmern sollen im Rahmen von Einführungsveranstaltungen in den Themenbereich *Wissenschaftliches Arbeiten* auf vielfältigen Ebenen Möglichkeiten eröffnet werden, anwendungsbezogen und handlungsorientiert

- das Verfassen von schriftlichen Protokollen zu üben;
- i.w.S. wissenschaftliche Literatur zum Themenbereich *Wissenschaftliches Arbeiten* unter Berücksichtigung vorgegebener Fragestellungen zu bearbeiten;
- zu lernen, Ausführungen in Form von Vorträgen und Referaten zu folgen, kritische Anmerkungen anzubringen, sich eine Meinung zu bilden und diese im Rahmen von Diskussionen zu vertreten (vgl. WOLFF 1975, 360);
- in Kleingruppen themen- und methodenrelevante Literatur zu sichten, zu bearbeiten, Thesenpapiere zu erstellen, Kurzreferate auszuarbeiten und die Ergebnisse der Arbeitsgruppen im Plenum vorzustellen;
- in Arbeitsgruppen mündlich abzuhaltende (Kurz-)Referate auszuarbeiten und abzuhalten, sich den kritischen Rückmeldungen der Zuhörer zu stellen und selbstkritisch ihr eigenes Verhalten als verantwortliche Gruppe zu reflektieren;
- Arbeitsschritte kennen- und anwenden zu lernen, die in dem komplexen Prozeß der Planung, Gliederung, Ausarbeitung und Ausgestaltung schriftlicher wissenschaftlicher Arbeiten zu bedenken und zu berücksichtigen sind.

Lernbereich 2
Wahrnehmen und Verfeinern der individuell unterschiedlichen Lern- und Arbeitsstile der Seminarteilnehmer/innen
Ausgehend von der These, wonach am Anfang jeder Übung *Wissenschaftlichen Arbeitens* ein „Mindestmaß an Selbsterfahrung" (SOMMER) stehen sollte, um den eigenen Lern- und Arbeitsstil bewußt kennen- und einschätzen zu lernen, sollen die Seminarteilnehmer zumindest ansatzweise sensibilisiert werden für das Erkennen der besonderen Bedeutung des eigenen Lese-, Lern- und Arbeitsstils, dessen Ausbau und Verfeinerung im Fortgang des Studiums/der Ausbildung insbesondere für Lektüre wissenschaftlicher Literatur wie auch für das Ausarbeiten und Niederschreiben wissenschaftlicher Arbeiten (Referat, Haus- und Seminararbeit, Diplom-/Abschlußarbeit) relevant werden kann.

Lernbereich 3
Gewinnen von einführenden Kenntnissen in forschungsmethodologische Fragestellungen
Neben der kritischen Lektüre wissenschaftlicher und in Auszügen populärwissenschaftlicher Literatur unter vorgegebenen Fragestellungen soll eine erste Einführung der Seminarteilnehmer in die Methoden der sogenannten *biographischen Forschung* erfolgen.
Dabei wird der Zusammenhang von Vorwissen und Vorerfahrungen der Lernenden in bezug auf *Wissenschaftliche(s) Arbeiten* mit den immer wieder auftretenden Schwierigkeiten und Unzulänglichkeiten im Beherrschen grundlegender Kenntnisse wie im Anwenden von (Grund-)Techniken *Wissenschaftlichen Arbeitens* im Mittelpunkt der Betrachtungen stehen.

Lernbereich 4
Erwerb von didaktisch-methodischen Kompetenzen
Im Rahmen von Einführungsveranstaltungen in den Themenbereich *Wissenschaftliches Arbeiten* soll der Realisierung der folgenden als „übergeordnet" bezeichenbaren Lehrziele aus dem Bereich didaktisch-methodischer Kompetenzen nahegekommen werden:
- Förderung der Erkenntnis, daß das Beherrschen der Grundtechniken *Wissenschaftlichen Arbeitens* nicht nur für den weiteren Verlauf des Studiums, sondern auch als „Handwerkszeug" für die Anforderungen der späteren Berufsausübung angesehen werden kann;
- Einsicht in didaktisch-methodische Probleme der Konzipierung eines Einführungsseminars in den Themenbereich *Wissenschaftliches Arbeiten* sowie in die Möglichkeiten und die Notwendigkeit, von seiten der Seminarteilnehmer in konstruktiver Weise sowohl auf die Gestaltung von Ablauf, Arbeits- und Sozialformen wie auch auf die Auswahl inhaltlicher Schwerpunkte mit der Äußerung eigener Interessen und Bedürfnisse Einfluß nehmen zu können;
- Gewinnen der Erkenntnis, daß der Weg über das Herstellen eines biographischen Bezuges der Teilnehmer einen qualitativ anderen Zugang zum The-

menbereich *Wissenschaftliches Arbeiten* ermöglicht als über den der ausschließlich erfolgenden Beschäftigung mit der sogenannten einschlägigen wissenschaftlichen (Nachschlage-)Literatur;
- Einsicht in die Möglichkeiten der Lernfelder „Mut zum Experimentieren" und „Entwicklung von Kreativität" (SOMMER) hinsichtlich Methoden und Inhalte, das „Sich-Einlassen auf bisher ungewohnte und für manche/n vielleicht auch als ungewöhnlich zu bezeichnende Arbeitsformen, die zumindest zeitweilige Bereitschaft zu Selbsterfahrung und sich anschließendem Reflektieren über die eigenen (...) Erfahrungen" (SOMMER 1998 b, 419; Auslassungen durch d. Verf.).

2.3. Grundlagen des didaktischen Arbeitsansatzes von *Teilnehmer-* und *Prozeßorientiertheit*

Im übergeordneten Sinne, und dies scheint im Rahmen eines Einführungsbandes in didaktische Überlegungen zu Konzeption, Durchführung und Auswertung eines grundlegende Aspekte berücksichtigenden Seminars *Wissenschaftliches Arbeiten* für Studierende sozialer und pädagogischer Berufe unumgänglich, ist es notwendig, das Grundverständnis des Verfassers von *Didaktik* zumindest in Ansätzen darzustellen.

Während in Fachkreisen weitgehend Übereinstimmung vorherrscht, *Didaktik* der wissenschaftlichen Disziplin Pädagogik bzw. Erziehungswissenschaft zuzuordnen (vgl. u.a. RÖHRS 1969, KLINGBERG 1972, 41, PETERSSEN 1983, 26, KLAFKI 1985, 34), läßt sich hinsichtlich inhaltlicher Dimensionen von *Didaktik* eine breite Palette sehr unterschiedlicher Begriffsbestimmungen finden, die von „Didaktik als Wissenschaft und Lehre vom Lehren und Lernen", über „Didaktik als Bildungslehre im umfassenden Sinne", von „Didaktik als Wissenschaft von Unterricht", über „Didaktik als Theorie der Bildungsinhalte bzw. als Theorie der Bildungskategorien" (vgl. KLAFKI 1961, Sp. 174; zit. nach KRON 1994^2, 42) bis hin zu „Didaktik als Theorie der Steuerung von Lernprozessen" und „Didaktik als Anwendung psychologischer Lehr- und Lerntheorien" (vgl. KRON 1994^2, 42 ff.) reicht.

So verbindet GORGES (1996) mit dem Begriff *Didaktik* den „Teilbereich der Pädagogik, der sich mit der Analyse, Planung und Unterstützung von angeleiteten Lernprozessen befaßt" (GORGES 1996, 35).

Nach GORGES (1996) versuche *Didaktik* als wissenschaftliche Teildisziplin der Pädagogik „zunächst, Lernprozesse einschließlich der Frage nach dem Sinn von Lern- bzw. Bildungsinhalten zu analysieren. Dabei werden Erkenntnisse gewonnen, die transformiert werden in für die Praxis relevante Kriterien oder Denkmodelle. In diesem Zusammenhang muß darauf hingewiesen werden, daß die Didaktik sich nicht in dem Sinne als eine normative Wissenschaft versteht, die konkrete Anweisungen oder Regeln für das Handeln in der Praxis liefert. Sie kann nur Leitlinien und Entscheidungshilfen anbieten, auf welche sich Praktiker in ihrem Handeln und ihrer Argumentation beziehen" (GORGES 1996, 35 f.) könnten.

In Anlehnung an MARTIN (1997) können unter dem Begriff *Didaktik* Überlegungen zur zielgerichteten Gestaltung von Lernprozessen (Analyse und Planung) verstanden werden, die auf die Begründung, Kritik und Verbesserung der pädagogischen Praxis abzielen (vgl. MARTIN 1997[4], 43).

Didaktik dient demnach zum einen der Unterstützung von gezielten Lernprozessen, zum anderen als „Methode" der (Selbst-)Kritik und Reflexion pädagogischen Handelns.

Im Rahmen außerschulischer Pädagogik bauen methodisch abgesicherte pädagogische Denk- und Arbeitsansätze auf der Basis erziehungswissenschaftlicher Erkenntnisse grundsätzlich auf der *didaktischen Analyse* auf, wobei als bedeutende Schritte im Rahmen der *didaktischen Analyse* die Einbeziehung der individuellen und soziokulturellen Voraussetzungen, Entscheidungen in Erziehung, Unterricht, Ausbildung, Pflege und Therapie über Ziele und Inhalte, Auswahl von Methoden und Medien sowie die Reflexion der Wirkungen und Folgen von Lernprozessen angesehen werden können (vgl. BUCHKA. 1994 a, 1994 b, SCHILLING 1995[2], STADLER 1996).

Die Vorbereitung und Begründung, die kritische Prüfung sowie die Verbesserung der eigenen (pädagogischen) Arbeit setzt die konkrete Umsetzung der *didaktischen Reflexion* voraus, deren Gesamtprozeß sich nach MARTIN (1997) in vier aufeinander beziehende Schritte untergliedern lasse (vgl. MARTIN 1997[4], 60 ff.):

(1) Situationsanalyse (Analyse der Ausgangssituation, Beschreiben und Erklären von Beobachtungen aus der alltäglichen pädagogischen Praxis wie beispielsweise Verhaltensauffälligkeiten, Gruppensituation, Konfliktverhalten u.ä.)
(2) Planen (Entscheidungen hinsichtlich der Bestimmung von Zielen, Inhalten, Einsatz von Medien; praktische Vorbereitung pädagogischer Arbeit)
(3) Handeln als praktisches Umsetzen des Planens
(4) Reflektieren und Auswerten (die Ergebnisse der Auswertung stellen gleichzeitig mögliche Kriterien für eine erneute Situationsanalyse dar)

In diesem Zusammenhang werden Kriterien für ein professionell aufgearbeitetes pädagogisches Denken und Handeln in Grundzügen erkennbar, das u.a. die Begriffe *Begründung* und *Begründbarkeit pädagogischer Arbeit, Zielgerichtetsein* und *Alltagsorientiertheit* (Realitätsbezogenheit) umfaßt (vgl. SOMMER 2002 c, 188 ff.).

Die beschriebenen didaktischen Grundsatzüberlegungen finden im Rahmen einer Einführungsveranstaltung in das *Wissenschaftliche Arbeiten* auf der Grundlage des Arbeitsansatzes der *Teilnehmer-* und *Prozeßorientiertheit* Anwendung. Obwohl einige der wesentlichen Aspekte des didaktischen Arbeitsansatzes von *Teilnehmer-* und *Prozeßorientiertheit* bereits im Rahmen der einführenden Bemerkungen dargestellt wurden, wird an dieser Stelle, der besonderen Bedeutung dieser didaktischen Prinzipien für die Gestaltung, Durchführung und Auswertung von Einführungsveranstaltungen in den Themenbereich *Wissenschaftliches Arbeiten* entsprechend, eine detaillierte Beschreibung und explizit erfolgende Begründung für den Einsatz des übergeordneten Arbeitsansatzes von *Teilnehmer-* und *Prozeßorientiertheit* erfolgen.

Unter *Teilnehmerorientiertheit* kann die grundsätzliche Ausrichtung eines Seminars an den von den Teilnehmern geäußerten (Erkenntnis-)Interessen verstanden werden (vgl. SOMMER 1998 b, 2000 a, 2000 b, 2002 b), wobei besonderer Wert gelegt wird auf „die Bereitschaft der Teilnehmenden (...), sich aktiv und konstruktiv am Seminargeschehen zu beteiligen (Lesen und Aufbereiten von Literatur, Erstellen von Protokollen, Erarbeiten von Inhalten, Ausarbeiten, Darstellen und Diskutieren der Arbeitsergebnisse in Kleingruppen und Plenum, Rückmeldungen zu den Referaten, Seminarkritik u.ä.), zum anderen sollten Neugierde und der 'Mut zum Experimentieren' *(Sommer)* mit Methoden und Inhalten auf Seiten der Teilnehmer herausgefordert werden" (SOMMER 2000 a, 324; Auslassungen durch d. Verf.; vgl. auch SOMMER 1998 b, 414 f., SOMMER 2000 b, 38 ff., SOMMER 2002 b, 43 ff.).

Zusätzlich zu dem Aspekt der zu ergründenden (Erkenntnis-)Interessen beinhaltet das Konzept der *Teilnehmerorientiertheit* das gezielte Eröffnen von Möglichkeiten, das auf seiten der Seminarteilnehmer auf unterschiedlichem Niveau anzusiedelnde theoretische (Vor-)Wissen und die aufgrund von Erfahrungen aus verschiedenen Feldern der praktischen Sozialen Arbeit gewonnenen Erkenntnisse in die inhaltliche, didaktische und methodische Ausrichtung der Veranstaltung einzubringen.

Mit dem Begriff *Prozeßorientiertheit* wird die Vorstellung von möglichen Entwicklungen auf Gruppen- und gruppendynamischer Ebene verbunden, „die im Zuge einer intensiven Auseinandersetzung der Seminarteilnehmer mit sie nicht nur auf wissenschaftlicher, sondern auch auf subjektiv-persönlicher Ebene betreffenden Fragestellungen" (SOMMER 2000 b, 38) aus dem Themenbereich *Wissenschaftlicher(n) Arbeiten(s)* zu erwarten sind.

Spätestens an dieser Stelle wird deutlich, daß dieser Arbeitsansatz im Bereich der *Didaktik der Erwachsenenbildung* bzw. der *Hochschuldidaktik* anzusiedeln ist. Dabei scheint es nicht von wesentlicher Bedeutung zu sein, ob die Veranstaltung im Rahmen einer (Fach-)Hochschule, einer Fachschule oder als Fort- und Weiterbildungsveranstaltung angeboten wird.

Eine der bedeutsam werdenden Voraussetzungen für das Gelingen einer derart konzipierten Veranstaltung besteht vielmehr darin, daß die Seminarteilnehmer zumindest in Ansätzen vorhandene Fähigkeiten entdecken, das eigene Wissen aktivieren, sich die eigenen Lebens- und Arbeitserfahrungen vergegenwärtigen, sich Erinnerungen an die eigene Lern-Geschichte bewußt machen sowie ihr

Verhalten in sozialen und kommunikativen Zusammenhängen (selbst-)kritisch reflektieren können.

Wie bereits in anderen Zusammenhängen angedeutet, baut eine Veranstaltung auf der Grundlage von *Teilnehmer-* und *Prozeßorientiertheit* vor allem auf der aktiven und konstruktiven Mitarbeit der Seminarteilnehmer auf, die mit über die Fragen zu bestimmen haben, welche inhaltlichen Schwerpunkte bearbeitet und welche methodischen Zugangsweisen gewählt werden.

Diese Veranstaltung ist nicht als Vorlesung bzw. „Einbahnstraßen"-Veranstaltung angelegt, in deren Rahmen der Veranstaltungsleiter größtenteils Wissen in Form von Vorträgen und Referaten zu vermitteln sucht, sondern als Seminar, in dessen Zuge grundlegende Erkenntnisse gemeinsam erarbeitet werden.

Daß dieses Vorgehen zu Lasten eines breit angelegten (theoretischen) Überblickes über den Themenbereich *Wissenschaftliches Arbeiten* gehen muß, gleichzeitig aber zugunsten einer handlungs- und anwendungsbezogenen, auf die jeweiligen Interessen und Bedürfnisse der Seminarteilnehmer abgestimmten Vermittlung, der sich anschließenden Reflexion und Diskussion weitreichender Dimensionen *Wissenschaftlichen Arbeitens* führen kann, wird aufgrund der angestellten Überlegungen nachvollziehbar sein.

3. *Wissenschaftliches Arbeiten* - Zu Konzeption, Durchführung und Auswertung von Einführungsseminaren

3.1. Einführung in konzeptionelle Überlegungen für eine Lehrveranstaltung *Wissenschaftliches Arbeiten*

Der didaktische Arbeitsansatz eines auf *Teilnehmer-* und *Prozeßorientiertheit* aufbauenden Einführungsseminars basiert auf der grundsätzlichen Überlegung, wonach die an dieser Veranstaltung interessierten Studierenden unterschiedliche (Vor-)Erfahrungen mit i.w.S. *Wissenschaftlichem(n) Arbeiten* vorweisen dürften. Diese Beobachtung stellt den Ausgangspunkt hinsichtlich weitergehender didaktischer Überlegungen dar:

Den Seminarteilnehmern soll in der 24-stündigen Veranstaltung ausreichend Gelegenheit geboten werden, sich aufbauend auf und ausgehend von den eigenen Erfahrungen hinsichtlich inhaltlicher Schwerpunkte, Zielsetzungen, methodischer Vorgehensweisen und Arbeitsformen einzubringen *(Teilnehmerorientiertheit)*.

Gleichzeitig kann in diesem Zusammenhang nicht von der Annahme ausgegangen werden, daß alle Seminarteilnehmer im Laufe ihrer Schulzeit bzw. ihrer Berufs- und/oder universitären Ausbildung mündliche Referate allein oder in Arbeitsgruppen ausgearbeitet und vorgetragen haben. Ähnliches gilt gleichermaßen für den Themenbereich Erarbeiten und Abfassen von eigenen schriftlichen Beiträgen.

Die mit diesen Vorstellungen verbundenen Fragen des zu erwartenden gruppendynamischen Geschehens innerhalb der Veranstaltungssitzungen und Arbeitsgruppen weisen in die Richtung, daß insbesondere Studenten in den Anfangssemestern die ihnen eigenen Vorerfahrungen und Gefühle von Angst, Nervosität, Aufregung, Unerfahrenheit u.ä. während des Ausarbeitens und Abhaltens von Referaten in die Gruppe einfließen lassen werden; das Vorhaben, geeignete Wege zu finden, darauf in adäquater und der Dynamik angemessener Weise einzugehen, wird im Zuge des übergeordneten didaktischen Ansatzes mit dem Begriff der *Prozeßorientiertheit* verbunden.

Eine der wesentlichen Voraussetzungen für das Gelingen einer auf den Prinzipien von *Teilnehmer-* und *Prozeßorientiertheit* aufbauenden Veranstaltung stellt zum einen die Bereitschaft der Teilnehmenden dar, sich aktiv und konstruktiv am Seminargeschehen zu beteiligen (Lesen und Aufbereiten von Literatur, Erstellen von Protokollen, Erarbeiten von Inhalten, Ausarbeiten, Darstellen und Diskutieren der Arbeitsergebnisse in Kleingruppen und Plenum, Rückmeldungen zu den Referaten, Seminarkritik u.ä.), zum anderen sollen Neugierde und der „Mut zum Experimentieren" mit Methoden und Inhalten auf Seiten der Teilnehmer herausgefordert werden.

Aufgrund dieser Vorüberlegungen läßt sich die 24-stündige Veranstaltungsabfolge in zwei thematisch klar abgrenzbare Schwerpunkte aufteilen: zum einen der Bereich mündlich, vor der Gruppe abzuhaltender Referate, zum anderen der Bereich Erarbeiten wesentlicher Kriterien für schriftliche wissenschaftliche Arbeiten (in Form von Haus- und Seminararbeit bzw. Abschluß- und Diplomarbeit).

Die erste, die konstituierende Seminarsitzung dient von den konzeptionellen Vorüberlegungen her der Einführung der Seminarteilnehmer in mögliche inhaltliche Schwerpunktbereiche, in methodische Zugangsformen, in didaktisch-methodische Erwägungen sowie in organisatorische Aspekte der Lehrveranstaltung *Wissenschaftliches Arbeiten*.

Im Laufe der zweiten Seminarsitzung bilden die Seminarteilnehmer Arbeitsgruppen von jeweils drei bis sechs Studierenden (abhängig von Gesamt-Teilnehmerzahl), die sich aus einer Liste von i.w.S. (sozial-)pädagogisch relevanten Aufsätzen einen Text aussuchen können und ihn in den kommenden Veranstaltungssitzungen unter Beachtung folgender Vorgaben als Referat dem Plenum vorstellen (sollen):

Gefordert ist ein mündlich vorzutragendes Gruppen-Referat von 15- bis 20-minütiger Dauer, ein schriftlich vorzulegendes Thesenpapier (oder Gliederung), eine nochmals 15- bis 20-minütige Zeitvorgabe für die Beantwortung von Fragen/für das Führen einer inhaltlich ausgerichteten Diskussion sowie einer Phase von Rückmeldungen/kritische Anmerkungen der Seminarteilnehmer (*Referatskritik*) in der Verantwortung des Veranstaltungsleiters.

Die dritte, vierte und fünfte Sitzung ist für das Abhalten der Referate und der sich anschließenden *Referatskritik* vorgesehen. Innerhalb dieses ausreichend erscheinenden zeitlichen Rahmens wird eine intensive Auseinandersetzung der Seminarteilnehmer mit den jeweils vorgetragenen Referatsthemen wie auch der gewählten „Methode" und dem „Auftreten" der Arbeitsgruppen möglich.

Den Hintergrund für dieses Vorgehen stellt die Überlegung dar, daß vormals auf theoretischer Ebene erarbeitete Erkenntnisse erst dann ihren geforderten Praxisbezug erhalten und die ihrer wahren Bedeutung entsprechende Anerkennung finden können, wenn die Referenten sich selbst praktisch vor die Aufgabe gestellt sehen, didaktische, methodische und inhaltliche Aspekte der wissenschaftlichen Arbeitsform „Referat" in der konkreten Übungssituation berücksichtigen und umsetzen zu müssen.

Verlauf und Inhalt der Referate wie auch die gewählten „didaktisch-methodischen" Ansätze werden protokolliert und stellen somit die Grundlage der sich anschließenden *Referatskritik* dar.

Im Zentrum der sechsten und siebenten Seminarsitzung stehen dann die schriftlichen wissenschaftlichen Arbeiten.

Neben formalen Vorgaben der jeweiligen Ausbildungseinrichtung wird hier insbesondere auf die bedeutsamen Aspekte im Rahmen des komplexen Prozesses von Planung und Ausarbeitung schriftlich abzufassender Haus- und Seminararbeiten wie auch Abschluß- bzw. Diplomarbeiten abgehoben.

Als Einführung in diesen Themenbereich dient die gemeinsam anhand von Arbeitspapieren erfolgende Beantwortung von grundlegenden Fragestellungen nach Möglichkeiten der Formulierung und Einschränkung der Themenstellung, Literatursuche und -sichtung, der Materialsammlung und -verarbeitung, Fragen der Gliederung, der Systematik, der Argumentationslinie, der Verständlichkeit und Nachvollziehbarkeit der Argumentation, der „inneren" Logik von Schlußfolgerungen, von Problemen des eigentlichen Schreibaktes, wobei nach ROST (1997) beachtet werden müsse, daß vielen „das Schreiben wissenschaftlicher Texte schwer (falle, Zusatz d. Verf.). Oft liegt dies schlicht an fehlender Übung. Manchmal hemmt auch ein zu hoher Selbstanspruch oder die irrige Vorstellung, daß jeder Satz, zumal der eines Wissenschaftlers, auf Anhieb perfekt zu sein habe. Beides ist mitnichten der Fall" (ROST 1997[3], 608).

Die achte und letzte Seminarsitzung soll der Beantwortung inhaltlich „offen" gebliebener Fragen dienen, wobei wiederholt einschränkend betont wird, daß der Kurs konzeptionell, didaktisch-methodisch und inhaltlich als eine Einführung in die Themenbereich *Wissenschaftlichen Arbeitens* verstanden werden soll, also nicht der Anspruch erhoben werden soll (und kann), in umfassender Form auf sämtliche im Zusammenhang mit *Wissenschaftlichem(n) Arbeiten* auftauchende Fragen und Probleme entsprechend vollständige Antworten bzw. Lern- und Handlungsanleitungen abzugeben.

Der abschließende Teil der achten Seminarsitzung wird von einer mündlichen Aussprache über die im Seminar angewandten Arbeits- und Sozialformen, über methodische Zugangsweisen und inhaltliche Schwerpunkte ausgefüllt.

Diese Einheit wird dann durch einen schriftlich vorgelegten Rückmeldebogen vervollständigt, in dessen Rahmen die Seminarteilnehmer aufgerufen werden, in aller Ausführlichkeit zu den angesprochenen Themenschwerpunkten der Veranstaltungsreihe kritisch Stellung zu nehmen.

3.2. Inhaltliche Schwerpunkte und didaktische Arbeitsmaterialien

3.2.1. Die erste Seminar-Sitzung „Zur Einführung in das *Wissenschaftliche Arbeiten*"

3.2.1.1. Einführung

Die erste der acht jeweils dreistündigen Veranstaltungssitzungen stellt zum einen eine Einführung in methodische Zugangsweisen zu und in inhaltliche Schwerpunkte aus dem komplexen Themenbereich *Wissenschaftliches Arbeiten* dar, zum anderen werden bereits in der Einführungsveranstaltung Hinweise auf den didaktischen Arbeitsansatz der *Teilnehmer-* und *Prozeßorientiertheit* gegeben.

Die erste Seminarsitzung dient demnach zur auf methodische und inhaltliche Aspekte von *Wissenschaftlichem Arbeiten* abzielenden Einstimmung in die Veranstaltung, deren erster Schritt in der Bearbeitung eines sogenannten „Seminar-Ankündigungsblattes" realisiert wird.

3.2.1.2. Didaktische Arbeitsmaterialien

Mit Hilfe eines sogenannten „Seminar-Ankündigungs-Blattes" werden den Seminarteilnehmern erste Einblicke in konzeptionelle, didaktisch-methodische und inhaltliche Überlegungen eines Einführungsseminars *Wissenschaftliches Arbeiten* vorgestellt. Sinnvoll erscheint es, dieses Arbeitsblatt allen Seminarteilnehmern zur Verfügung zu stellen, damit sie sich jederzeit einen Überblick verschaffen bzw. bewahren können über inhaltliche Schwerpunkte, angestrebte Zielsetzungen, Arbeitsformen sowie didaktisch-methodische Überlegungen. Der Seminarleiter stellt den Teilnehmenden die Konzeption der Veranstaltung *Einführung in das Wissenschaftliche Arbeiten* auf der Grundlage dieses Arbeitspapiers vor.

„Seminar-Ankündigungs-Blatt"

Inhalt:
Einführung in die Grundlagen und -techniken *Wissenschaftlichen Arbeitens*

Zielsetzungen:
Die Seminarteilnehmer/innen sollen im Laufe der 24-stündigen Veranstaltung
- Grundgedanken *Wissenschaftlichen Arbeitens* kennenlernen
- grundlegende Techniken *Wissenschaftlichen Arbeitens* praktisch anwenden
und
- das Beherrschen dieser Fertigkeiten und Kenntnisse möglichst als notwendiges „Handwerkszeug" für ihr weiteres Studium wie für ihre berufliche Tätigkeit erkennen lernen

Arbeitsformen:
Inhalte des Seminars bestimmten die Arbeitsformen (und umgekehrt), d.h. den Seminarteilnehmern/innen werden neben einer ersten Sensibilisierung für fachlich-inhaltliche Aspekte (Grundformen und Grundtechniken *Wissenschaftlichen Arbeitens*) auf vielfältigen Ebenen Möglichkeiten eröffnet,
- ihre individuell unterschiedlichen Lern- und Arbeitsstile wahrzunehmen und in der Folgezeit anhand von praxisnahen Übungen zu verfeinern
- didaktisch-methodische Kompetenzen zu erwerben bzw. zu erweitern (Referat-Abhalten)
- einführende Kenntnisse in die komplexen Prozesse um Planen, Ausarbeiten und Abfassen schriftlicher wissenschaftlicher Arbeiten zu gewinnen
Dies alles wird unter Beachtung des Grundsatzes geschehen „nicht theoretische Unterweisung, sondern eigenes praktisches Tun":

- das eigenständige Erarbeiten und Aufbereiten von (wissenschaftlichen) Texten unterschiedlicher Herkunft und Qualität
- das Beherrschen von Techniken der Textbearbeitung und -wiedergabe
- Erstellen von Protokollen
- das Erarbeiten, Abhalten und kritische Reflektieren von (Kurz-)Referaten
- das selbstbewußte und selbstkritische Auftreten im Rahmen von Diskussionen
- das Einüben konstruktiver Referats- und Seminarkritik
- das Entdecken, Ausprägen und Verfeinern des individuellen Lese-, Lern- und Arbeitsstils
- das Kennenlernen und Anwenden von „alternativen" Zugangsweisen wie beispielsweise „Selbsterhebungsbogen" und i.w.S. Selbsterfahrung
- das Entwickeln einer konstruktiven Streitkultur u.a.

Methodische Hinweise:
- *teilnehmer-* und *prozeßorientiert* angelegte Veranstaltung
- ausgehend von der Annahme, daß die an dieser Veranstaltungsfolge Teilnehmenden unterschiedliche (Vor-)Erfahrungen mit i.w.S. *Wissenschaftlichem(n) Arbeiten* vorweisen dürften, sind verschiedene methodische Ansätze möglich und denkbar - zentrales Anliegen und „Medium" bleibt aber auch bei uneinheitlichem Wissensstand das eigene praktische Handeln
- den Teilnehmern/innen wird im Rahmen dieser Veranstaltung ausreichend Gelegenheit geboten, sich aufbauend auf und ausgehend von den eigenen Erfahrungen und Kenntnissen hinsichtlich inhaltlicher Schwerpunkte, Zielsetzungen, methodischer Vorgehensweisen, didaktischer Arbeitsansätze und Arbeitsformen einzubringen
- Wichtige Voraussetzung für die Teilnahme: Bereitschaft der Teilnehmer/innen, sich aktiv und konstruktiv am Seminar-Geschehen zu beteiligen, „Mut zum Experimentieren" mit Inhalten und Methoden, Neugierde und Wissensdrang, Interesse an Selbsterfahrung hinsichtlich (Vor-)Erfahrungen mit *Wissenschaftlichem(n) Arbeiten*.

Als einführende **Literatur** werden die folgenden Veröffentlichungen angegeben, weitere Literaturhinweise werden im Verlaufe der Seminar-Sitzungen folgen:
BANGO, J. 2000: Wissenschaftliches Arbeiten in der Sozialarbeit. Eine Einführung für Studierende und Lehrende. Wiesbaden (Westdeutscher Verlag).
FRANCK, N. 2000: Schlüsselqualifikationen vermitteln. Ein hochschuldidaktischer Leitfaden. Marburg/Lahn (Tectum Verlag).
GLÜCKHER, H./GSCHWEND, T./JECHLE, T./NITZL, I. 1995: Das Referat. Ein Leitfaden für Studierende. Universität Freiburg Erziehungswissenschaft I, 79085 Freiburg.
JUNNE, G. 1993[3]: Kritisches Studium der Sozialwissenschaften. Eine Einführung in Arbeitstechniken. Stuttgart, Berlin, Köln (Kohlhammer).
PETERSSEN, W.H. 1996[5]: Wissenschaftliche(s) Arbeiten. Eine Einführung für Schüler und Studenten. München (Ehrenwirth).
ROST, F. 1999[2]: Lern- und Arbeitstechniken für pädagogische Studiengänge. Opladen (Leske & Budrich).
SOMMER, B. 2000: Zur Konzeption eines Einführungsseminars Wissenschaftliches Arbeiten - Didaktische Überlegungen zur Seminarplanung an der Berufsakademie Villingen-Schwenningen, Fachbereich Sozialwesen. In: Unsere Jugend (52. Jg.) 2000, 7/8, 320-331.
WAGNER, W. 1997[4]: Uni-Angst und Uni-Bluff. Wie studieren und sich nicht verlieren. Hamburg (Rotbuch Verlag 65).

Das nachfolgende **Arbeitspapier 1** „Zur Einführungssitzung *Wissenschaftliches Arbeiten*" beinhaltet eine Übersicht über die in der ersten Seminar-Sitzung vorgesehenen Inhalte, verweist gleichzeitig auf unterschiedliche didaktisch-methodische Überlegungen und ermöglicht erste Einblicke in die im Seminar angewandten Arbeits- und Sozialformen, die in ihrer Vielfältigkeit im weiteren Verlauf der Lehrveranstaltung Anwendung finden werden.

Arbeitspapier 1

(1) Einführung in das Seminar *Wissenschaftliches Arbeiten* anhand des Papiers „Seminar-Ankündigung"
(2) Selbsterhebungsbogen zur Aktivierung von (Vor-)Wissen der Teilnehmer/innen zum Themenbereich *Wissenschaftliches Arbeiten* (Schwerpunkt: *Referat*)
(3) Bearbeitung der Texte in Arbeitsgruppen unter vorgegebenen Frage- und Aufgabenstellungen:
WALLER, A., Das Referat und die Leere. In: GLÜCKHER, H./GSCHWEND, T./ JECHLE, T./NITZL, I., Das Referat. Ein Leitfaden für Studierende. Universität Freiburg 1995, S. 63
ROST, F., Lern- und Arbeitstechniken für pädagogische Studiengänge. Opladen 1997, S. 113-115 (Kap. 7.7. Das eigene mündliche Referat)
Bitte bearbeiten Sie den Text in Dreier- oder Vierer-Kleingruppen unter folgenden Aufgabenstellungen:
   a) Fassen Sie die Ihrer Meinung nach wichtigsten Aussagen des Textes zusammen!
   b) Achten Sie darauf und notieren Sie bitten, wie Sie den Text bearbeiten (z.B. wie oft Sie ihn lesen, Textstellen unterstreichen, Randbemerkungen anfügen, Verständnisfragen stellen u.ä.)!
   c) Bereiten Sie Ihre Notizen so auf, daß Sie Ihren Kollegen/innen im Plenum sowohl über den Inhalt des Textes als auch über Ihre persönliche Herangehensweise berichten können!
(4) Plenum
   - Vorstellen der Arbeitsergebnisse
   - Bearbeitung der Fragestellungen „Was ist bei der Planung, Ausarbeitung und dem Abhalten eines guten Referates zu beachten?" (Vorerfahrungen und Vorwissen der Seminarteilnehmer/innen sowie Erkenntnisse aus den Texten von WALLER und ROST)
   - Ausblick auf die kommende Seminar-Sitzung

In einem zweiten Schritt wird mit dem **Arbeitspapier 2** ein sogenannter „Selbsterhebungsbogen" zur Aktivierung von (Vor-)Wissen der Teilnehmer/innen hinsichtlich des Themenbereiches *Wissenschaftliches Arbeiten* mit dem Schwerpunkt *Referat* vorgelegt, mit dessen Hilfe die Seminarteilnehmer erste Schritte hin zu einer Sensibilisierung auf die zentrale Themenstellung *Referat* beschreiben können.

Es besteht somit die Möglichkeit, Fragen anzusprechen, die sich zum einen auf Vorerfahrungen hinsichtlich des Ausarbeitens und Abhaltens von Referaten einschließlich der damit zusammenhängenden Rückmeldungen beziehen, die zum anderen die subjektive Beurteilung des Einzelnen herausfordern, welche Kriterien einem „guten" bzw. einem „weniger guten" Referat zugeschrieben werden.

Arbeitspapier 2

(1) Haben Sie während Ihrer Schulzeit bzw. in früheren Ausbildungs- oder Studiengängen gelernt, *wissenschaftlich* zu arbeiten?
Wenn ja, in welchen Zusammenhängen?

(2) Haben Sie im Verlaufe Ihrer „Schul-Karriere" bzw. während Ausbildung oder Studium einmal ein Referat vor einer Gruppe abgehalten?
Welche Erinnerungen verbinden Sie damit?
Haben Sie Rückmeldungen von Kollegen/innen bzw. von Lehrern, Ausbildern, Veranstaltungsleitern erhalten? Wenn ja, welche?

(3) Können Sie sich an Ihrer Meinung nach besonders gute und besonders schlechte Referate anderer erinnern?
Was fiel Ihnen bei den besonders guten, was bei den besonders schlechten Referaten auf?

(4) Welche Gefühle, welche Vorstellungen und „Bilder" verbinden Sie, ganz spontan, mit dem an Sie gerichteten Arbeitsauftrag „Halten Sie bitte in der kommenden Woche ein Referat zum Thema ..."?

(5) Glauben Sie, daß Sie das Planen, Ausarbeiten und Abhalten von Referaten lernen können? Wenn ja, wie?

In einem dritten Schritt, im Rahmen des **Arbeitspapiers 3**, wird ein Text von WALLER (1995) zum Thema „Das Referat und die Leere" (vgl. WALLER 1995, 63) und ein Textauszug aus ROST (1999) über „Das eigene mündliche Referat" (vgl. ROST 1999[2], 113-115) in Kleingruppen unter den Fragestellungen bearbeitet werden, welche bedeutsamen inhaltlichen Aussagen die Autoren zum Thema *Referat* getroffen haben, wie die Arbeitsgruppen-Mitglieder die Texte bearbeitet hätten und welche Arbeitsschritte notwendig wären, um die jeweiligen Ergebnisse aus den Gruppen dem Plenum später vorstellen zu können.

Arbeitspapier 3

Bitte bearbeiten Sie die beiden folgenden Texte in Zweier-, Dreier- oder Vierer-Kleingruppen unter folgenden Aufgabenstellungen:
a) Fassen Sie die Ihrer Meinung nach wichtigsten Aussagen des Textes zusammen!
b) Achten Sie darauf und notieren Sie bitte, wie Sie den Text bearbeiten (z.B. wie oft Sie ihn lesen, Textstellen unterstreichen, Randbemerkungen anfügen, Verständnisfragen stellen u.ä.)!
c) Bereiten Sie Ihre Notizen so auf, daß Sie Ihren Kollegen/innen im Plenum sowohl über den Inhalt des Textes als auch über Ihre persönliche Herangehensweise berichten können!

Text 1: Alexia WALLER, Das Referat und die Leere - Warum die wenigsten Studenten spannende Referate halten können und auch von niemandem dazu angehalten werden (vgl. WALLER 1995)

„Sie können bestimmt kein Referat halten. Dazu brauchen Sie sich überhaupt nicht zu äußern. Schließlich können die meisten Menschen einen schlichten Sachverhalt nicht darstellen, ohne ihre Zuhörer tödlich zu langweilen. Bleiernes Schweigen, gähnendes Vakuum, dreißig Studenten zur Untätigkeit verdammt und - aufgepaßt - es spricht der Referent. Eine leidige Pflichtübung, die hoffentlich bald vorbei ist. Aber sie ist nicht 'bald' vorbei. Sie dauert an. Eine endlose halbe Stunde und kein Ende in Sicht. Über was spricht der Referent überhaupt? Eigentlich egal. Jedenfalls spricht er schlecht. Wahrscheinlich liest er ab, was schwer auszumachen ist, weil man ihn kaum sieht. Irgendwann bricht er ab. Fragen gibt es keine. Endlich beginnt das Seminar.

'Ein Referat läßt sich unter drei Aspekten betrachten', erläutert Tanja Volke, wissenschaftliche Mitarbeiterin am Institut für Pädagogische Psychologie der Münchner Ludwig-Maximilians-Universität, den kommunikationstheoretischen Hintergrund der Vortragssituation: 'Kognition entspricht dem zu vermittelnden Sachwissen. Emotion faßt die gefühlsmäßige Beteiligung der Anwesenden zusammen. Und unter Verhalten versteht die Pädagogik die praktische Anwendung des neuerworbenen Wissens durch das Auditorium.'

Die mangelnde Auseinandersetzung mit diesen drei Aspekten demonstriert die Praxis. 'Die meisten Leute sprechen über Texte, die sie nicht verstanden haben. Sie zitieren wirr aus dem Kontext gerissene Sätze und beanspruchen dafür mehr Zeit als die Lektüre der Texte selbst', faßt Volker, Germanistikstudent im achten Semester, seine negativen Erfahrungen zusammen.

Die Aufgabe des Referenten ist es dabei keineswegs, ein Thema im Alleingang erschöpfend aufzuarbeiten und seine Zuhörer mit Informationen förmlich zu überschütten.
'Das Fachwissen ist die heilige Kuh der Hochschule. Doch über die Form seiner Vermittlung macht sich kein Mensch Gedanken', sagt Michael Henninger, Assistent am Institut für Pädagogische Psychologie. 'Das Ergebnis ist: Es langweilt den Dozenten, es langweilt die Teilnehmer und der Referent ist fürchterlich gestreßt'.
Aber, so mutmaßt Romanistikstudent Reiner: 'Den Dozenten ist das doch egal. Hauptsache, einer spricht und sie müssen sich nicht vorbereiten.'
Im Referieren sind die Dozenten ihren Schäfchen nämlich nicht unbedingt voraus: Didaktische Fähigkeiten werden stillschweigend vorausgesetzt, aber nicht vermittelt. Auf das 'Wie' jeder Kommunikation kann jedoch auch das Sachwissen, das 'Was', nicht verzichten.

Animation zur Wissenschaft
Wie nun könnte ein gutes Referat aussehen? Zunächst muß sich der Referent an den Bedingungen menschlicher Aufnahmefähigkeit orientieren: Das angestrebte Sprachniveau sollte nicht die einschlägiger Fachzeitschriften sein, Zielgruppe ist nicht der Dozent und die Redezeit nicht beliebig lang. Stattdessen erklärt der Referent zunächst den Aufbau seines Vortrags und legt die Problemstellung dar. Er spricht möglichst langsam und frei. Visuelle Medien wie Tafelbilder oder Pinnwände unterstützen seine Erläuterungen. Anstatt Resultate zu präsentieren, sollte gemeinsam mit den Zuhörern Gedankengänge entwickelt werden. Es wird *mit* dem Thema, nicht *über* das Thema gearbeitet.
Für die Psychologin Tanja Volke gilt als oberste Prämisse für ein gelungenes Referat: Die Arbeit sollte Spaß machen. Das fängt schon bei der Vorbereitung an. Mit Wein oder Kuchen in einer kleinen Gruppe von zwei bis vier Leuten erschließt man sich das Thema selektiv und subjektiv über ein *brainstorming*, bringt also alles, was einem einfällt, zu Papier. Anschließend wird selektiert, Ideen zur Präsentation werden auf ihre Funktionstüchtigkeit geprüft, inhaltliche Schwerpunkte nach persönlichen Interessen gesetzt, beide zueinander in Bezug gesetzt.
'Um die Studenten zu einem Einstieg ins Thema zu animieren', so Henninger, 'muß ich das Interesse an meinem Gebiet erst einmal vermitteln'.
Form und Inhalt müssen einander entsprechen, lautet die zweite Prämisse wider die nichtssagende Präsentation.
Wie jedoch finde ich für mein Thema die adäquate Form der Umsetzung?
Das psychologische Thema 'Geschlechterdifferenz und Körpersprache' handele ich beispielsweise am überzeugendsten im darstellenden Sketch ab. Der philosophische Diskurs Michel Foucaults spricht sich am besten aus dem Mund der Seminarteilnehmer selbst, die reihum von einem ausgeteilten Skript ablesen. Kontroverse Positionen - etwa des Historikerstreits - lassen sich anschaulich von verschiedenen Referenten verkörpern, die radikal gegensätzliche Standpunkte vertreten.
Der Miteinbezug der Kommilitonen im Seminar ist die dritte Prämisse.
'Viele Neulinge glauben, ein Referat ist eine Rede', sagt Henninger, 'es sollte aber ein Dialog sein. Die Kommilitonen halten sich mit Fragen meist zurück, weil keiner dem Referenten zu nahe treten will'.
Wer isoliert vor sich hin referiert, ohne seine Gedanken an seine Zuhörer zu adressieren, muß sich nicht wundern, wenn er keine findet. Jedes Wissen muß in Bezug zu den Seminarteilnehmern gesetzt werden. Das heißt, der Referent muß ihren Kenntnisstand der Materie berücksichtigen. Die Leute sind nun einmal da - machen Sie das Beste daraus! Lassen Sie Fragen offen, regen Sie Ergänzungen an, provozieren Sie Widerspruch!

Bescheidene Ansprüche
Viele Studenten würden sich schon mit weitaus weniger zufriedengeben. Eine Fragebogenaktion der Münchner Fachschaft Germanistik zur Effizienz von Einführungsseminaren ergab, daß für zwei Drittel der Germanisten 'eine klare Gliederung' und der 'freie Vortrag' eines Referates zu dessen positiver Bewertung bereits ausreichen. Wird dann noch ein Thesenpapier verteilt oder eine 'klare Zielvorstellung' vom Referenten benannt, ist das mehr, als gemeinhin erwartet wird.
Bei aller Bescheidenheit der Ansprüche: Neunzig Prozent der Befragten haben nichts davon im Einführungskurs gelernt, sondern sind erst im Laufe des Studiums aus leidvoller Erfahrung klug geworden. Wenn Sie auch nur einige dieser Ratschläge berücksichtigen, werden Sie also Aufmerksamkeit erregen. Noch Ihr Scheitern wird Interesse wecken und Diskussionen entfachen. Schlachten Sie heilige Kühe, seien Sie nicht länger lammfromm! Kultivieren Sie die Auseinandersetzung! Machen Sie sich einen Spaß aus dem Referat, aber denken Sie immer daran, Ihre Zuhörer direkt anzusprechen!"

Text 2: F. ROST, Lern- und Arbeitstechniken für pädagogische Studiengänge (ROST 1999², 113-115; Auslassungen durch d. Verf.)

„Zwei Zielen soll die mündliche Präsentation eines Referates im Seminar dienen:
- der Vermittlung eines Wissensinhaltes an die Anwesenden und
- der Einübung in die Vortragskunst durch die Referentin/den Referenten (...)
Falls Sie zu einem bestimmten Termin und Thema in einem Seminar ein mündliches Referat halten wollen, klären Sie rechtzeitig mit dem Dozenten folgende Punkte ab:
- Thema des Referates und seine Abgrenzung,
- Termin und Dauer des Referates,
- seine Gliederung sowie
- möglichen Medieneinsatz und heranzuziehende Literatur.
Natürlich sollten Sie diese Punkte frühestmöglich geklärt haben und - dem Arbeitsaufwand entsprechend - rechtzeitig beginnen.
Nachdem Sie einen Überblick über 'Ihr' Thema oder die zu berücksichtigende Literatur gewonnen haben, grenzen Sie den Gegenstand ein, und zwar mit den Leitfragen: 'Was ist das Wesentliche?' bzw. 'Wie lautet meine Aufgabenstellung?'
Aus dem gewonnenen Überblick und Ihren Gedanken zu der Themenstellung entwerfen Sie eine sinnvolle Abfolge von Themenabschnitten, so daß ein roter Faden der Argumentation sichtbar wird.
Diese vorläufige Gliederung, die Sie dem Seminarleiter schriftlich vorlegen, sollten Sie unbedingt noch einmal mit ihm besprechen. Bitten Sie ihn um eine baldige Stellungnahme, damit Sie Ihre Vorbereitungen fortsetzen bzw. modifizieren können.
Bei der schriftlichen Ausarbeitung Ihres Referates sollten Sie sich an die mit dem Dozenten abgesprochene Aufgabenstellung halten und an Ihre Zielgruppe denken, Ihre Kommilitoninnen und Kommilitonen.
Da Sie Ihr Referat sorgfältig ausgearbeitet haben, führen Sie zentrale Fachwörter ein, kennen deren Bedeutung und sind vorbereitet auf Verständnisfragen (...). - Ihr Referat sollte vom Satzbau her wesentlich einfacher strukturiert sein als bei einer schriftlich abzugebenden Arbeit (...). Die Sätze sollten demnach kurz sein (weniger als 15 Wörter!), Substantivierungen sollten Sie meiden. Viele überfrachten ihr Referat mit Details oder un-

zähligen, aneinandergereihten Zitaten, die vom Satzbau meist nicht zum Zuhören geeignet sind. Deshalb entschlacken Sie am Ende Ihrer Vorbereitungen noch einmal den Text und zerlegen Sie Bandwurmsätze in mehrere.
Lesen Sie sich oder Freunden Ihren Vortrag in einer Art 'realistischer Generalprobe' laut vor, weil Ihnen dabei u.a. Unebenheiten des Vortragstextes, fehlende Übergänge, grammatische und stilistische Fehler auffallen. Außerdem wissen Sie dann, wie lange Sie brauchen, um noch genügend Zeit für eine Diskussion einzuplanen. Ist das Referat zu lang geraten, kürzen Sie es auf das entsprechende Maß, indem Sie Unwichtigeres streichen. Da Sie rechtzeitig angefangen haben, sind Sie gut vorbereitet und haben ein für Sie mühelos lesbares Manuskript zum Vortrag vor sich. (...)
Vor dem Referat-Beginn sollten Sie mit freundlichem Gesicht in das Publikum schauen, sodann Ihr Thema nennen und einen kurzen Überblick geben zu der von Ihnen vorgesehenen Gliederung. Mit diesen einleitenden Sätzen läßt sich das Lampenfieber überwinden, das übrigens *jeden* in solch einer Situation befällt. Zudem stimmen Sie die Zuhörer auf das Thema, die Zielsetzung und den Ablauf ein.
Kein Mensch wird erwarten, daß Sie frei reden, doch während Ihres Vortrags sprechen Sie bitte laut, deutlich und nicht zu schnell. Die Ihnen wichtigen Punkte sollten Sie betonen.
Wenn Sie zu einem anderen Gliederungspunkt fortfahren, kündigen Sie dies den Zuhörern an, damit diese dem von Ihnen vorgesehenen 'roten Faden' folgen können. (...)
Achten Sie zwischendurch immer mal wieder auf die Zeit. Am Ende sollten Sie die wichtigsten Punkte Ihres Referates noch einmal zusammenfassen und zur Diskussion einladen, für die, wenn nichts anderes vorgegeben wurde, etwa die Hälfte der Seminarzeit vorzusehen ist.

Manchmal herrscht Schweigen, weil keiner sich sofort traut, etwas in einem größeren Kreis zu sagen oder den Anfang zu machen.
Das sollte Sie nicht verunsichern und auch nicht dazu verleiten, die Stille Ihrerseits durch größere Ausführungen zu überbrücken.
Oft muß man nur mit einem freundlichen Gesichtsausdruck etwas warten bzw. das Publikum zu weiteren Beiträgen ermuntern. Hat sich dann jemand geäußert, schließen sich oft weitere Fragen an. Hierbei sollten Sie dann aufmerksam zuhören, sich die Fragen einprägen, vielleicht stichwortartige Notizen machen und ruhig-sachlich antworten.
Zum Schluß wäre es formvollendet, wenn Sie sich für die Diskussionsbeiträge und Rückmeldungen zum Referat bedanken".

3.2.1.3. Zusammenfassung und Einordnung der Ergebnisse

Die Einführungssitzung in die Veranstaltung *Wissenschaftliches Arbeiten* ist aus unterschiedlichen Gründen für das Gelingen eines auf dem didaktischen Grundprinzip der *Teilnehmer-* und *Prozeßorientiertheit* aufbauenden Seminars von entscheidender Bedeutung.

Zum einen werden die Seminarteilnehmer/innen eingeführt in die konzeptionellen, didaktisch-methodischen und inhaltlichen Grundüberlegungen, ihnen werden Lehrziele im konkret wissenschaftlichen, aber auch im übergeordneten handlungsorientierten, ausbildungs- und berufsbezogenen Rahmen vorzustellen und das Besondere des gewählten didaktischen Arbeitsansatzes zu verdeutlichen sein.

Dabei werden bereits in der Anfangsphase der ersten Veranstaltungsfolge Arbeitsformen eingerichtet, die im weiteren Verlaufe des Einführungsseminars immer wieder Anwendung finden werden: Lektüre und Bearbeitung von themenrelevanter Literatur (unter vorgegebenen Frage- und Aufgabenstellungen), Herausarbeiten der wesentlichen Aussagen, Organisieren und Steuern von (gruppendynamischen) Prozessen innerhalb von Arbeitsgruppen (Lesen und Bearbeiten von Texten, Erstellen von Protokollen, später Planen, Ausarbeiten, Abhalten und Auswerten/Reflektieren von Referaten).

Zum zweiten besteht die Kernaussage der in diesem Zusammenhang formulierten grundlegenden These darin, daß die Einführung in den Themenbereich *Wissenschaftliches Arbeiten* in einem ersten Denk- und Arbeitsschritt *Selbsterfahrung* (oder *Selbsterkundung*) zugrunde lege.

Selbsterfahrung bedeutet in diesem Zusammenhang, bei der Planung und Konzeption zu bedenken, daß alle Seminarteilnehmer/innen auf jeweils eigene Weise, in jeweils sich unterscheidender Qualität und auf individuell unterschiedlicher Reflexionsebene

- im Laufe ihrer Schul- und bisherigen Ausbildungs- bzw. Studienzeit einen individuellen Lese-, Lern- und Arbeitsstil entwickelt haben,
- (Vor-)Erfahrungen und (Vor-)Wissen aus dem Bereich *Wissenschaftliches Arbeiten* in die Lehrveranstaltung einbringen,

- Erinnerungen an bzw. Assoziationen mit konkreten Erfahrungen mit mündlich abzuhaltenden Referaten sowie schriftlich auszuarbeitenden Hausarbeiten besitzen,
- ein Bewußtsein über die grundlegende Bedeutung *Wissenschaftlichen Arbeitens* für ein/e möglichst erfolgreich verlaufende/s Ausbildung/Studium mitbringen,
- in nicht miteinander zu vergleichender Weise das *Lernen* „gelernt" haben (sollten),
- die Fähigkeit zur Selbstkritik in nicht einzuschätzendem Maße ausgeprägt haben dürften,

allesamt Aspekte, die es sowohl in der allgemeinen didaktischen Planung wie auch bei der Ausarbeitung und praktischen Umsetzung besonderer Arbeitsschritte zu beachten gilt.

Zum dritten führen diese Grundannahmen in letzter Konsequenz zu der begründeten Überlegung, nach der ein besonderer didaktischer Arbeitsansatz erforderlich wird, da „die Seminarteilnehmer im Rahmen der Bearbeitung von Fragen wissenschaftlichen Arbeitens eigene Lernerfahrungen wie auch qualitativ unterschiedlich ausgeprägte Lese- und Arbeitsstile 'mitbringen', deren Förderung mit einer Methode der Vermittlung nicht entsprochen werden" (SOMMER 2000 a, 327) könne.

Der erste konkrete Arbeitsauftrag an die Gruppe besteht in der Bearbeitung der Grundlagen-Texte von WALLER (1995) und ROST (1999), mit deren Hilfe lernbiographische Erfahrungen aktualisiert und gleichzeitig mit eigenen Vorstellungen zu einem „guten" Referat gedanklich verbunden werden können.

Den didaktisch-methodischen Hintergrund dieser Arbeitsaufträge stellt die übergeordnete Frage dar, was bei dem Planen, dem Ausarbeiten, dem Abhalten und dem (selbst-)kritischen Reflektieren eines „guten" Referates zu beachten sei.

Die vorläufigen Ergebnisse aufgrund der Aktivierung der (Vor-)Erfahrungen wie auch der Aussagen auf der Grundlage der Texte von WALLER (1995) und ROST (1999) werden zusammengetragen und unter Berücksichtigung systematischer Kriterien so aufgearbeitet, daß sie für das konkrete Ausarbeiten und Ab-

halten eines Referates in einer Kleingruppe verwendet werden können (vgl. u.a. BADRY/ KNAPP/STOCKINGER 1998[3], FRANCK 2000, FRANCK/STARY 2003[11], GLÜCKHER et al. 1995, JUNNE 1993[3], PETERSSEN 1996[5], RÜCKRIEM/ STARY/FRANCK 1997[10], THEISEN 1992[6], WERDER 1993).
In Anlehnung an die beiden Texte von WALLER (1995) und ROST (1999) werden u.a. folgende Kriterien gemeinsam erarbeitet:
- Übersichtlichkeit und Verständlichkeit eines Referates
- gute Einführung
- Einsatz von Medien (mit „Bildern" arbeiten)
- die Zuhörer/innen einbeziehen
- „Dialog", mit den Zuhörern das Thema erarbeiten, nicht reines Vortragen
- „Form und Inhalt" sollten möglichst eine Einheit bilden
- Provozieren von Fragen bzw. Diskussion
- dem Thema angemessene Redezeit
- Setzen von Schwerpunkten
- dem Vorwissen der Zuhörer angemessener Vortragsstil
- Ermöglichen von Rückfragen und Rückmeldungen von Seiten der Zuhörer
- Interesse am Thema auf Seiten der Referenten

Sinnvoll, da zeitsparend und den Einzelnen wegen der erweiterten Möglichkeiten, „mehr" Text zu verarbeiten, fördernd, ist die Überlegung, die Gesamtgruppe der Seminarteilnehmer in zwei Untergruppen aufzuteilen, von denen die eine sich dem Text von WALLER (1995), die andere sich dem Text von ROST (1999) hinwenden kann.
In Kleingruppen von drei bis sechs Mitgliedern (abhängig von der Gesamt-Teilnehmerzahl) werden dann die Aufträge aus dem Arbeitspapier 3 angegangen:
Der erste Schritt wird der intensiven Lektüre des jeweiligen Textes gewidmet sein, wobei hier noch keine Arbeitsteilung innerhalb der Gruppe möglich ist.
In einem zweiten Schritt werden dann die unterschiedlichen Meinungen dessen, was die Kernaussagen des jeweiligen Textes angeht, innerhalb der Gruppe diskutiert, um so auf ein gemeinsames Arbeitsergebnis hinsichtlich der Frage

kommen zu können, was bei dem Planen, Ausarbeiten und dem Abhalten eines „guten" Referates zu beachten sei.

Die zu erwartenden unterschiedlichen Arbeitsweisen, wie Texte gelesen werden, ob wesentliche Aspekte unterstrichen, mit Randbemerkungen versehen, Notizen auf „Extrazetteln" geschrieben werden usw., werden sich so vielfältig gestalten, wie Mitglieder in den jeweiligen Arbeitsgruppen vorhanden sind.

Den entscheidenden Aspekt stellt in diesem Zusammenhang die Frage dar, wie sich drei bis sechs Individualisten mit ihren unterschiedlichen Lese- und Arbeitsstilen in einer Arbeitsgruppe zusammenfinden können, um in konstruktiver und produktiver Weise die Aufträge erfüllen und Ergebnisse vorweisen zu können. Nach Abschluß der Kleingruppen-Arbeit werden die Ergebnisse im Plenum vorgetragen und u.U. kontrovers diskutiert.

In diesem Abschnitt der Einführungssitzung werden das (Vor-)Wissen, die (Vor) -Erfahrungen sowie Erkenntnisse aus der Lektüre der beiden exemplarisch ausgewählten Texte einfließen in die Beantwortung der zentralen Frage nach Aufstellen von Kriterien eines „guten" Referates.

Aber nicht nur die im engeren Sinne das Ausarbeiten und Abhalten von Referaten betreffenden Aspekte werden über diese Arbeitsschritte thematisiert, auch steht *Gruppenarbeit* als ein zentrales didaktisch-methodisches Instrumentarium von Berufsgruppen Sozialer Arbeit im Mittelpunkt dieser Seminar-Einführung.

Die beschriebene „Einheit" besitzt nicht ausschließlich theoretischen Charakter, sondern soll in konkreter Form Arbeitshilfen darstellen für die von den Teilnehmern in den kommenden Sitzungen auszuarbeitenden und im Seminar abzuhaltenden (Gruppen-)Referate.

3.2.2. Die zweite Seminar-Sitzung „Zur Vorbereitung der Referate"

Im Mittelpunkt der zweiten Seminar-Sitzung steht die Umsetzung des am Ende der Einführungssitzung ergangenen Auftrages an die Studierenden, Arbeitsgruppen zu bilden, die sich dem Planen, Ausarbeiten und Abhalten von Referaten in den kommenden Veranstaltungsfolgen widmen.

Arbeitspapier 4

Auftrag an die Arbeitsgruppen „Referat":
- Suchen Sie sich aus der folgenden Liste einen Text aus, den Sie im Laufe der kommenden Sitzungen in Form eines mündlich abzuhaltenden Kurzreferates mit schriftlich vorzulegendem Thesenpapier bzw. Gliederung (für alle Seminarteilnehmer/innen kopiert vorzulegen) vorstellen !
- Die Zeitvorgabe beträgt maximal 15 Minuten für das reine Vortragen (den „Input"), nochmals maximal 15 Minuten für das Beantworten von Rückfragen, die Bearbeitung von Anmerkungen und/oder das Führen einer eventuell entstehenden Diskussion.
- Die dritten 15 Minuten dieser 45-minütigen Referats-Einheit sind den kritischen Rückmeldungen der Zuhörer/innen, den Adressaten des Referates, vorbehalten; die Einheit wird von dem Veranstaltungsleiter in verantwortlicher Position übernommen.
- Die Zeitvorgabe für das Vortragen des Referates einschließlich Fragen und Diskussion beträgt demnach 30 Minuten.

Literaturliste für Referatsthemen der Arbeitsgruppen
DEEGENER, G., Die Würde des Kindes. Plädoyer für eine Erziehung ohne Gewalt. Weinheim, Basel 2000, 223-239 (Kap. 13 „Gewaltprävention geht alle (nicht nur die Eltern) an!").
GALUSKE, M., Methoden der Sozialen Arbeit. Eine Einführung. Weinheim, München 1998, 155-163 (Kap. 13 „Sozialpädagogische Beratung").
JUNNE, G., Kritisches Studium der Sozialwissenschaften. Eine Einführung in Arbeitstechniken. Stuttgart, Berlin, Köln 1993^3, 11-17 (Kap. „Was ist ein kritisches Studium?").
MÜCKE, T., Jugend und Gewalt. Grenzen und Möglichkeiten der Jugendarbeit. In: HEIL, H./PERIK, M./WENDT, P.-U. (Hg.), Jugend und Gewalt. Über den Umgang mit gewaltbereiten Jugendlichen. Marburg 1993, 146-157.
PETERMANN, F., Wie Kinder Vertrauen lernen. In: Redaktion psychologie heute (Hg.), Klein sein, groß werden. Thema: Kinderpsychologie. Weinheim, Basel 1987, 77-90.
ROST, F., Lern- und Arbeitstechniken für pädagogische Studiengänge. Opladen 1999^2, 108-118 (Kap. 7 „Mitarbeit in Lehrveranstaltungen").
SOMMER, B./KUONATH, Chr., Biographie und Behinderung: Krankheit, Rehabilitation und Lebensgeschichte eines Jugendlichen in Selbstzeugnissen. Ein autobiographisch orientierter Forschungsbericht. Egelsbach 2001, 133-148.
SOMMER, B., Psychische Gewalt gegen Kinder. Sozialwissenschaftliche Grundlagen und Perspektiven. Marburg/Lahn 2002, 53-75.
STRECKER, D., Kinderunfälle. Erkennen, vorbeugen, helfen. Weinheim, Basel 1998^2, 157-167 (Kap. „Unfälle haben oft psychische Ursachen").
WAGNER, W., Uni-Angst und Uni-Bluff. Wie studieren und sich nicht verlieren. Hamburg 1997^4, 7-21.

Von der konzeptionellen Seite her betrachtet ist diese zweite Veranstaltung angelegt als eine „angeleitete" Arbeitsgruppen-Sitzung, die der unmittelbaren Vorbereitung der Referate dient.

Es besteht hier die Möglichkeit für die einzelnen Arbeitsgruppen-Mitglieder, konkrete Ideen, „didaktisch-methodische" Vorgehensweisen mit den inhaltlichen Aspekten eines Gruppenreferates (*Referatsdidaktik*) zu verbinden. Zugleich steht der Veranstaltungsleiter im Rahmen dieser Sitzungsfolge für Fragen und Anregungen zur Verfügung.

Aus didaktisch-methodischer Sicht kommt dieser Sitzung eine besondere Bedeutung in Hinblick auf die Organisation von (Klein-)Gruppen-Arbeit zu: Zusammensetzung der Gruppen, Organisation der Arbeitstreffen, inhaltliche und methodische Ausrichtung wie auch die Aufteilung von Arbeitsaufträgen obliegt ausschließlich den Mitgliedern der jeweiligen Arbeitsgruppen. Es zeigt sich in solchen Lehr-Lern-Situationen des öfteren als sinnvoll, diese Aufgaben in den Verantwortungsbereich der Studierenden zu legen.

„Übergeordnete" Lehrziele, die in diesem Zusammenhang mit der Veranstaltung *Einführung in das Wissenschaftliche Arbeiten* verbunden werden, bestehen u.a. aus Übungen zur „Selbsterfahrung", aber auch in dem Schaffen von Situationen, in denen *Lernen* und Arbeiten in Gruppen möglich wird.

Selbstbewußtes und selbstbestimmtes Auftreten als Individuum, aber auch als konstituierendes Mitglied einer Arbeits- bzw. Referatsgruppe, das Herausbilden eigener Positionen sowie das konstruktive Streiten in inhaltlich bestimmten Auseinandersetzungen scheinen in diesem Kontext nicht nur für studiums- bzw. ausbildungsrelevante Themenbereiche von Bedeutung zu sein, sondern auch hinsichtlich der selbstkritischen Bestandsaufnahme und Reflexion eigener Stärken und Schwächen sowie des eigenen Lern- und Arbeitsstils.

3.2.3. Die dritte, vierte und fünfte Seminar-Sitzung „Abhalten der Referate - *Referatskritik*"

3.2.3.1. Einführung

In diesen drei Sitzungsfolgen halten die Arbeitsgruppen ihre Referate ab. In jeder der dreistündigen Sitzungen werden zwei Arbeitsgruppen-Referate vorgestellt. Die Schwerpunkte dieser Sitzungen sind auf folgende Aspekte abgestimmt: Einerseits erfahren die Referenten/innen in der konkreten Situation vor der Gesamtgruppe „hautnah und unausweichlich" die Rolle der Vortragenden, die verantwortlich sind für einen Teilbereich des Seminars, für die Vermittlung von Inhalten, für die Gestaltung der Gesamtsituation, für das Erreichen bestimmter Ziele. Andererseits haben die Zuhörer/innen eine Doppelfunktion: zum einen obliegt ihnen die Aufgabe, „Auditorium" im engeren Sinne zu sein, des weiteren aber auch Eindrücke hinsichtlich Verlauf, inhaltlicher und formaler Gestaltung, Aufteilung der Gruppe, Einsatz von Medien, „Lernerfolg", Grad der Einbeziehung der Gesamtgruppe in das Referat u.ä. zu sammeln, um diese in der später erfolgenden Phase der *Referatskritik* den verantwortlichen Gruppenmitgliedern rückmelden zu können.

3.2.3.2. Didaktische Überlegungen

In übergeordneten Zusammenhängen betrachtet werden in dieser Phase des Seminars erste Grundlagen gelegt für das Erfüllen unterschiedlicher Anforderungen im Rahmen des weiteren Studiums/der weiteren Ausbildung bzw. einer späteren Berufstätigkeit in der Sozialen Arbeit:

- Planen, Konzipieren, Durchführen und Auswerten von Projekten innerhalb von Gruppen/Teams
- Erarbeiten von Themenbereichen und Vorstellen von Arbeitsergebnissen
- Selbstbewußtes Auftreten von Einzelnen und Gruppen
- Erarbeiten und Vertreten von Standpunkten/Positionen zu bestimmten Themen/Problemen
- Erste Schritte hin auf die Entwicklung einer konstruktiven und (selbst-)kritischen Diskussions-„Kultur"
- Erlernen, Einüben und Anwenden von Grundtechniken *Wissenschaftlichen Arbeitens* im Bereich mündlich abzuhaltender Referate
- Anbringen von konstruktiver Kritik an Gestaltung, Konzeption, inhaltlicher Schwerpunktsetzung und Darbietung von Referaten zu unterschiedlichen Themenbereichen
- Gewinnen von zentral-bedeutsamen Erkenntnissen zum Bereich *Referat*

Bedeutsam in diesem Zusammenhang stellen sich m.E. folgende Erkenntnisse dar, die, zunächst thesenartig formuliert, im weiteren Fortgang näher erläutert werden:

These 1: Ein Referat ist kein Vortrag.

Ein Vortrag kann eine „Einbahnstraße" sein, indem ein Einzelner oder eine Gruppe sowohl formal wie inhaltlich einen einseitig ausgerichteten Input leistet. Das kann u.a. bedeuten: Frontalsitzordnung, Stehen am Pult, ausschließliche oder überwiegende Redezeit bei dem/den Vortragenden, kein oder kaum Einbezug der Zuhörerschaft, Vortragsstil.

Bei den vielfältigen Präsentationen der Arbeitsgruppen wird u.a. zum Ausdruck kommen, daß ein Referat keineswegs ausschließlich ein Monolog sein muß, sondern auch dialogische Momente umfassen kann.

Wenn beabsichtigt ist, daß die Gesamtgruppe miteinander über einem Thema arbeitet, so kann es auch sinnvoll sein, diesem Ansinnen einen entsprechenden formalen Rahmen zu geben, indem die Frontalsitzordnung aufgelöst wird.

Der Einbezug der Gruppe in den Verlauf eines Referates scheint ein wesentliches Kriterium für ein gelungenes Referat darzustellen. Wenn es den Referenten/innen gelingt, die Zuhörer/innen im wahren Sinne des Wortes anzusprechen, dann ist die Wahrscheinlichkeit groß, daß alle Beteiligten eine für sie sinnvolle und ertragreiche Veranstaltung erleben (können).

Die Unterscheidung, die hier grundsätzlich getroffen wird, bestehe nach Aussagen von GLÜCKHER et al. (1995) in der „Form der Präsentation":

Auf der einen Seite das sogenannte *darbietende Referat*, bei dem ausschließlich der Vortragende aktiv sei, die Tätigkeit der Teilnehmer auf Zuhören und Sehen beschränkt bleibe.

Auf der anderen Seite das sogenannte *erarbeitende Referat*, in dessen Rahmen die Aktivitäten zwischen Referierendem und Teilnehmenden eher gleichmäßig verteilt seien; dabei bestehe eine der wesentlichen Aufgaben des Referenten darin, „neben kleineren Informationsteilen Materialien, Fragen, Problemstellungen, Fallbeschreibungen oder Aufgaben vorzubereiten, mittels derer sich die

Teilnehmer/-innen einzeln, in Partnerarbeit oder im Plenum Teile der Thematik selbst erarbeiten" (GLÜCKHER et al. 1995, 62) könnten.

Während GLÜCKHER et al. (1995) diese Gedanken- und Argumentationsgänge in einen Zusammenhang mit Fragen der Präsentation zu stellen versuchen, kommen hier m.E. übergeordnete didaktisch-methodische Überlegungen zum Tragen:

Einerseits scheint es im Rahmen von Lehrveranstaltungen in der akademischen und nicht-akademischen Ausbildung von Studierenden sozialer und pädagogischer Berufsgruppen unumgänglich und zugleich sinnvoll, einen mehr oder weniger umfangreichen, inhaltlich ausgerichteten Input in Form eines Vortrages zu leisten. Dies kann umgesetzt werden in den Formen eines *Einführungs-, Hintergrund-, Informations-, Übersichts-* und *Vertiefungsreferates*, bei denen die einschlägige wissenschaftliche Literatur zu einem Themenbereich vorgestellt und Ansätze einzelner Autoren dargestellt werden können.

Andererseits kann aber auch die Form eines *Positions-* und *Impulsreferates* gewählt werden, in dessen Rahmen unterschiedliche Denk- und Arbeitsansätze zu einem Themenbereich benannt werden, gleichzeitig aber auch der Standpunkt des Referenten erläutert und begründet wird, um letztlich eine Diskussion im Plenum anzuregen (vgl. GLÜCKHER et al. 1995, 60).

Vorträge im Sinne von Vorlesungen haben ihren berechtigten Platz im Rahmen einer akademischen und nicht-akademischen Ausbildung. Mit ihrer Hilfe kann in einen Themenbereich eingeführt werden, es können ein Überblick und ein Querschnitt über den aktuellen Forschungsstand zu einem Thema gegeben werden, es kann von dem jeweiligen Dozenten aufbereitetes Wissen in kompakter und zusammenhängender Weise vorgestellt werden.

Gemeinsames Erarbeiten von Themenbereichen hingegen wird immer auf Kosten der Quantität von Inhalten gehen (müssen), denn es erfordert ein größeres Maß an Zeit, sozialem und kommunikativem Engagement, Einsatz, Kooperationsbereitschaft von Lehrenden und Lernenden, wobei immer wieder die grundsätzlich Frage angemerkt werden sollte, ob *exemplarisches Lernen* nicht die prinzipiell geeignete Form in Ausbildungs- und Studiengängen, die zu berufsqualifizierenden Abschlüssen in der Sozialen Arbeit führen, darstelle.

An dieser Stelle wird deutlich, daß eine Entscheidung über die vordergründig als Präsentationsform bezeichnete Frage ein Mindestmaß an Grundlagenwissen über didaktische Zusammenhänge erfordert (vgl. These 3, S. 55 ff.).*

> **These 2:** Der Beginn eines Referates, aber auch ein systematischer Aufbau entscheidet mit über Gelingen oder Mißlingen, über Erfolg und Mißerfolg der Veranstaltung.
> Das Abhalten von Referaten folgt dem „klassischen" wissenschaftlich-systematischen Vorgehen in der Aufteilung und Gestaltung: Einführung, Hauptteil(e), Schlußteil.

Bedeutsam im Rahmen der Betrachtung von Vorarbeiten zu Referaten ist die Gestaltung der Eingangssequenz.

Hier kommt das zum Tragen, was auch bei der Ausarbeitung schriftlicher wissenschaftlicher Arbeiten von besonderer Bedeutung ist, die „klassische" Dreiteilung in Einleitung, Hauptteil(e) und Schlußteil.

Für die Zuhörer/innen kann es insbesondere zu Beginn eines Referates wichtig sein zu wissen, was sie erwartet: ein Vortrag, bei dem sie ausschließlich zuhören, ein Referat mit einem zeitlich begrenzten Input, dann folgender Diskussion oder nach einer kurzen Einleitung Arbeitsaufträge an Kleingruppen.

So besteht zu Beginn eines mündlich abzuhaltenden Referats mit der sogenannten *Einstiegsphase* die Notwendigkeit und gleichzeitig die Möglichkeit,

- Interesse für das Thema des Referats zu wecken
- Ziele und inhaltliche Ausrichtung des Referats zu nennen und zu begründen
- einen Überblick über die inhaltliche Abfolge zu geben
- Zusammenhänge zwischen dem Referat und den vorher behandelten oder nachher zu bearbeitenden inhaltlichen Schwerpunkten einer Lehrveranstaltung herzustellen
- eventuell vorhandenes Vorwissen und Vorerfahrungen der Teilnehmenden zu aktivieren (vgl. FRANCK 2000, 77 ff., 84 f.; GLÜCKHER et al. 1995, 9 ff.)

An dieser Stelle sind die Fragen nach dem „Was", „Wie", „Warum" und „Wohin" zu stellen - diese Fragen entstammen dem Bereich von *Didaktik* (vgl. z.B. SOMMER 2002 c; vgl. auch Exkurs 1, S. 83 ff.).
Diese „W"-Fragen können in der Einführungsphase des Referates angesprochen werden, so daß die Zuhörer/innen einschätzen können, was sie erwartet und was von ihnen erwartet wird.
Formal und inhaltlich ist die Gestaltung einer Eingangssequenz ein kreativer Akt, wobei dem Grundsatz entsprochen werden sollte, daß möglichst eine Einheit von Form und Inhalt gewahrt bzw. hergestellt werden sollte.
Es kann sinnvoll und ansprechend sein, zu Beginn eines Referates
- eine ausschließlich verbal erfolgende Einführung in Ablauf und inhaltliche Schwerpunktsetzung des Referates zu geben
- das Vorwissen und die (Vor-)Erfahrungen der Zuhörer/innen zu erfragen, um dann gemeinsam mit ihnen das Referatsthema zu erarbeiten
- ein Rollenspiel zur Einführung in die Thematik vorzustellen

In dem oder den Hauptteil(en) werden dann die inhaltlichen Aspekte je nach Themenstellung vorgetragen bzw. gemeinsam mit der Gruppe erarbeitet, während im Schlußteil die wesentlichen Erkenntnisse zusammengefaßt und in allgemeine Zusammenhänge eingeordnet werden.
Diese Vorgehensweise ermöglicht einen „weichen" Übergang zu Fragen der Zuhörer/innen bzw. zu einer Diskussion der Ergebnisse im Plenum.

These 3: Grundkenntnisse über *Lernen* und ein gewisses Maß an Grundwissen über (Referats-)*Didaktik* sind unverzichtbar, wenn die Zuhörer/innen vorab formulierte Lehrziele erreichen sollen.
Lernen in übergeordneten Zusammenhängen kann nur stattfinden, wenn neben inhaltlich interessant gestalteten Schwerpunkten die Zuhörer/innen affektiv angesprochen werden können.

Referate abzuhalten dient nicht einem Selbstzweck, sondern mit ihnen und auf ihrer Grundlage wird versucht, Inhalte zu transportieren, so daß der Einzelne oder die Zielgruppe etwas lernen kann.

Dies ist eine als „klassisch" zu bezeichnende pädagogische Situation, in deren Rahmen der Grundbegriff *Lernen* wie auch Grundzüge einer *Referatsdidaktik* bedeutsam werden.

Referate abzuhalten ist eine soziale Situation, in deren Mittelpunkt nicht das Ablesen eines schriftlich ausformulierten, fixierten Manuskriptes steht, sondern neben dem Anwenden „technisch-handwerklicher" Fähigkeiten (z.b. Vorbereitung, Erstellung eines Manuskriptes, Einsatz von Medien, „freies" Sprechen) vor allem das Umsetzen sozialer und kommunikativer Kompetenzen erfordert.

In der hier erforderlichen Kürze seien einige Grundbegriffe eines systematischen, didaktisch begründeten Vorgehens in pädagogischen Situationen, in deren Rahmen demnach *Lernen* stattfinden soll, angesprochen.

Das was in anderen Zusammenhängen unter den vier didaktischen relevanten Fragen „Was", „Wie", „Warum" und „Wohin" angesprochen wurde, kann, übersetzt in didaktische Terminologie, folgendermaßen beschrieben werden:

In Form des leicht zu merkenden Kürzels „Z-I-M-M-E-R" können die wesentlichen Bereiche eines gezielten, didaktisch begründeten und begründbaren Vorgehens beschrieben werden, wobei „Z" für Ziele, „I" für Inhalte, „M" für Methoden, „M" für Medien, „E" für Ergebnisse und „R" für Reflexion steht (vgl. auch die ausführlichen Anmerkungen im Exkurs 1, S. 83 ff.).

Bezogen auf das Vorbereiten, mündlich zu erfolgende Abhalten und Reflektieren/ Beurteilen eines Referates kann es demnach von besonderer Bedeutung sein,

- die Zielsetzungen, die mit Hilfe des Referates erreicht werden sollen, zu formulieren und den Teilnehmern/Zuhörern u.U. auch mitzuteilen
- inhaltliche Schwerpunkte vorab festzulegen bzw. mit den Zuhörern gemeinsam zu erarbeiten
- methodisches Vorgehen sowie die entsprechenden Arbeits- und Organisationsformen festzulegen (Vortrag, erarbeitendes Referat, Einzel-, Paar-, ar-

beitsgleiche und arbeitsteilige Kleingruppenarbeit, Fragemethode, Textarbeit, Frage der Räumlichkeiten, Sitzordnung u.ä.)
- Überlegungen zu einem geeignet und sinnvoll erscheinenden Einsatz von Medien anzustellen, wobei der Grundsatz beachtet werden sollte, Medien als Form der Veranschaulichung, nicht als Ersatz der inhaltlichen Darstellung anzusehen (z.B. Folien, Pinwand, Wandtafel, Thesenpapier, Musikuntermalung, Film)
- Ergebnisse, wenn vorhanden, festzuhalten, zusammenzufassen und u.U. als Ausgangspunkt für Fragen oder eine Diskussion zu wählen
- abschließend die Ergebnisse, den Verlauf, die methodischen Vorgehensweisen, den Einsatz der Medien, den sozialen und kommunikativen Charakter zu reflektieren und (selbst-)kritisch zu betrachten
- Rückmeldungen von Seiten der Zuhörer einzuholen, mit deren Hilfe nicht nur zu formaler und inhaltlicher Gestaltung, sondern auch zu Verlauf, Wirkung des Referierenden, Zeit, Intensität, Kommunikationsfähigkeit des/der Verantwortlichen individuell unterschiedliche, auf subjektiven Eindrücken beruhende Kommentare abgegeben werden können.

Der zweite Teil der **These 3**, wonach *Lernen* in übergeordneten Zusammenhängen nur stattfinden könne, wenn neben formal wie inhaltlich ansprechend gestalteten Schwerpunkten die Zuhörer/innen affektiv angesprochen würden, deutet an, daß neben einer interessanten Referatspräsentation auch und insbesondere ein emotional-positiv besetztes Lernklima vorherrschen sollte, in dem *Lernen* erst möglich wird.

Lernen in übergeordneten Zusammenhängen bezeichnet im Gegensatz zu dem Auswendig-Lernen auf Klausuren hin z.B. das Erkennen von Zusammenhängen unterschiedlicher Sachverhalte. Es geht also nicht um punktuell abfragbares Wissen, sondern um die Verankerung von „neuen" Erkenntnissen und Einsichten in bereits vorhandenes Vorwissen und die entsprechenden Lern- und Arbeitserfahrungen. Damit werden neue Kenntnisse in dem Menschen als Ganzes und nicht ausschließlich in dem Menschen als intellektuelles Wesen „verankert".

> **These 4:** Das Planen, Ausarbeiten und Abhalten von Referaten in Kleingruppen ist ein Prozeß, der u.a. auf Kreativität, Teamfähigkeit, didaktisch-methodischen Kompetenzen, intensiver inhaltlich-thematischer Vorbereitung und auf einem zielgerichteten Rückgriff auf wissenschaftliche Arbeitsmethoden beruht.

Diese These faßt noch einmal die Aspekte, die bei dem Planen, Ausarbeiten, Abhalten und (selbst-)kritischen Reflektieren/Auswerten eines Gruppenreferates bedeutsam werden, zusammen.

Von den Mitgliedern der Referatsgruppen wird neben einer inhaltlich ausgerichteten Vorbereitung ein hohes Maß an Kreativität, Teamfähigkeit, Planungs- und Entscheidungskompetenz, aber auch an Grundkenntnissen im didaktisch-methodischen und rhetorischen Bereich sowie die zielgerichtete Anwendung wissenschaftlicher Arbeitsmethoden (Textbearbeitung, -erfassung, Verfügbarmachen des zu vermittelnden Wissens, Orientierung an der Zielgruppe u.ä.) verlangt (vgl. Exkurs 1, S. 83 ff.).

> **These 5:** Menschen lernen nicht aus Fehlern, sondern indem sie über ihre Fehler nachdenken (reflektieren).
> Im Arbeitszusammenhang mit dem Abhalten eines Referates kann dies bedeuten, daß die Referenten über den Weg verbalisierter Rückmeldungen der Zuhörer Ansatzpunkte zu einem selbstkritischen Reflektieren entwickeln können (*Referatskritik*).

Für die Teilnehmenden, bei einem Referat die Zuhörer/innen, besteht in einem Einführungsseminar in das *Wissenschaftliche Arbeiten* folglich eine wesentliche Aufgabe darin, ihre Funktion als Zielgruppe, als Gruppe von Menschen, die *lernen* sollen (und wollen), zu erfüllen.

Ob und in welchem Maße die von der Referatsgruppe formulierten Lehrziele erreicht werden, ob die Zuhörer die „Botschaften" der Referierenden wahrnehmen und „entschlüsseln" können, ob das Referat als solches interessant gestaltet und vorgetragen wird, ob es in seiner Argumentation nachvollziehbar ist, ob eine Systematik in der Abfolge erkennbar wird, kann über die Rückmeldungen der Zuhörer in Erfahrung gebracht werden.

In der Phase der *Referatskritik* wird deutlich, daß ein Referat bei der aus vielen individuellen Zuhörern bestehenden Zielgruppe in unterschiedlicher Weise „ankommen" wird: Es werden subjektive Bewertungs- und Beurteilungsmaßstäbe angelegt, die zu dem Urteil eines überzeugenden, interessant gestalteten, ansprechenden Referates führen oder zu eher kritisch-negativen Rückmeldungen. Sowohl die als positiv wie die als negativ bewerteten Aspekte eines Referates können den Referierenden als verbalisierte Form eines „Feedbacks" wertvolle Hinweise für das Planen, Ausarbeiten und Abhalten zukünftiger Referate geben. Von besonderer Bedeutung in diesem Zusammenhang scheint ein „Klima" zu sein, in dem positive wie negative Kritik als sachlich begründete Anmerkungen geäußert und angenommen werden kann.

Bedeutsam ist die Erkenntnis, daß nicht alle Zuhörer mit der jeweils ausgewählten Form der Präsentation, mit dem jeweils zugrundeliegenden didaktischen Arbeitsansatz angesprochen und „erreicht" werden können. Dies bedeutet im Umkehrschluß, daß für eine Referatsgruppe über den Weg unterschiedlicher Methoden, des gezielten, dosierten Einsatzes verschiedener Medien, des Wechsels der Präsentationsformen (*darbietendes* und *erarbeitendes* Referat) im Vergleich zu einer Form der Darbietung eine erhöhte Wahrscheinlichkeit besteht, möglichst viele Zuhörer „erreichen" zu können, ohne dabei jedoch das Referat auf eine „Multi-Media-Show" verkürzen zu wollen.

3.2.3.3. Zusammenfassung und Einordnung der Ergebnisse

Besondere Bedeutung erfährt in diesem Kapitel die Erkenntnis, daß ein Referat nicht gleich ein Vortrag sein muß. Dabei kann ein Referat, je nach inhaltlichem Schwerpunkt, vorab formulierten Zielsetzungen, gewählten Methoden, je nach Einsatz bestimmter (unterstützender) Medien, unter Berücksichtigung zentraler didaktischer Entscheidungen zu einem Teil aus einem Vortrag des Referierenden („monologischer" Aspekt) bestehen, zu einem anderen Teil aber auch aus der Aktivierung und Einbeziehung der Teilnehmer/Zuhörer („dialogischer" Aspekt).

In welchem Maße unterschiedliche „Mischformen" eines *darbietenden* und eines *erarbeitenden Referates* Anwendung finden, bestimmt letztendlich der Re-

ferierende bzw. die Referatsgruppe in Abhängigkeit von den bereits angeführten Kriterien.
Weder das eine Extrem noch das andere scheinen in „Reinform" zu einer überzeugenden Präsentation angebracht zu sein, vielmehr wird eine „Mischung" des Einsetzens von Elementen des „klassischen" Vortrages mit denen des Eröffnens von Möglichkeiten zu Eigeninitiative und Mitarbeit auf Seiten der Zuhörer/innen als sinnvoll erachtet.
Wichtig ist in diesem Zusammenhang die Erkenntnis, daß ein Referat zwar der Vermittlung sachlich-inhaltlich bestimmter Aspekte dient, gleichzeitig jedoch eine Lehr-Lern-Situation darstellt, in der die sozialen und kommunikativen (i.w.S. also die „didaktischen") Kompetenzen des/der Referenten gefordert sind.

3.2.4. Die sechste und siebente Seminar-Sitzung „Schriftliche wissenschaftliche Arbeiten - Hausarbeit, Diplomarbeit"

3.2.4.1. Einführung

Auf den ersten Blick scheint der „Übergang" zwischen der umfangreichen Seminar-Einheit „Planen, Ausarbeiten und Abhalten von Referaten" hin zu dem Themenbereich „schriftliche wissenschaftliche Arbeiten" sehr hart zu sein.
Auf den zweiten Blick jedoch wird deutlich, daß der überwiegende Teil der Arbeitsschritte im Rahmen der Ausarbeitung eines Referates denen eines wissenschaftlichen Schreibprojektes ähnelt.
Einige der entscheidenden Unterschiede lassen sich m.E. in folgenden Aspekten ausmachen: Das Referat als mündlicher Vortrag mit Einbeziehung der Teilnehmer/ Zuhörer stellt von seinem „Wesen" her eine „klassisch" pädagogische, soziale und kommunikative Grundzüge tragende Situation dar mit dem Ziel, daß die Zuhörer als Lernende vorab formulierte Lehrziele realisieren können.
Dazu ist, wie bereits in anderen Zusammenhängen näher erläutert, didaktisches Grundwissen unentbehrlich, um den Zuhörern die inhaltlichen Schwerpunkte unter Beachtung didaktisch-methodischer Überlegungen, mit Einsatz verschiedener Medien nahezubringen.

Dies ist die Beschreibung dessen, was GORGES (1996) als die Analyse, Planung und Unterstützung von angeleiteten Lernprozessen bezeichnet (vgl. GORGES 1996, 35; vgl. auch Exkurs 1, S. 88 ff.).
Es findet ein in mündlicher Form verbalisierter Austausch zwischen Referenten und Zuhörern statt, der nach Ende des Inputs entweder in eine „Frage-Antwort-Phase" oder in eine Diskussion münden kann.
Demgegenüber stellen die Bemühungen im Rahmen einer schriftlichen wissenschaftlichen Arbeit das Ergebnis individueller Anstrengungen dar, sich mit einem begrenzten Thema in schriftlicher Form „wissenschaftlich" auseinanderzusetzen.
Dies ist in der Regel ein individuelles Unterfangen, das mit Ausnahme der Absprachen zwischen Studierendem und Dozenten/Betreuer kaum Spuren sozialer und kommunikativer Anforderungen aufweist.
Der Studierende ist eher auf sich selbst und die Anwendung der von ihm erworbenen „wissenschaftlichen" Kompetenzen angewiesen.

3.2.4.2 Didaktische Arbeitsmaterialien

Zur Einführung in den Themenbereich „Schriftliche wissenschaftliche Arbeiten" scheint es sinnvoll, ähnlich wie bei Einführung in das Thema *Referat*, der Gruppe ein Angebot in Richtung „Selbsterfahrung" zu unterbreiten.
So hat sich ein Vorgehen als begründet erwiesen, die Vorerfahrungen und das Vorwissen der Seminarteilnehmer/innen zu dem Bereich „schriftliche wissenschaftliche Arbeiten" zu erfragen.
Bedeutsam werden diese Vorerfahrungen für den Lehrenden, um den aktuellen Lern- und Wissensstand der Teilnehmer in Erfahrung bringen und dementsprechend diese Einheit formal wie inhaltlich gestalten zu können.
In sämtlichen Einführungsveranstaltungen in das *Wissenschaftliche Arbeiten* ließ sich die Beobachtung festhalten, daß nicht von einem als einheitlich zu bezeichnenden Wissensstand der teilnehmenden Studierenden ausgegangen werden kann; zu unterschiedlich stellen sich die bisher in diesem Bereich erworbenen Kenntnisse und Erfahrungen dar.

Sinnvoll anknüpfend an diesen Beobachtungen erscheint die Entscheidung auf didaktischer Ebene, nicht in einem Vortrag die wesentlichen Aspekte, die bei dem Planen und Ausarbeiten von schriftlichen wissenschaftlichen Arbeiten zu beachten sind, vorzustellen, sondern bewußt und in gezielter Form ein gemeinsam erfolgendes Erarbeiten der grundlegenden Verfahrensschritte anzubahnen.

Mit Hilfe des Arbeitspapiers 5 wird nach Feststellen der Vorerfahrungen mit der inhaltlichen Bearbeitung der Frage begonnen, was besonders bedeutsam sei im Rahmen der Ausarbeitung schriftlicher wissenschaftlicher Arbeiten (vgl. auch Exkurs 2, S. 103 ff.).

Arbeitspapier 5

Zur Einführung in den Themenbereich „schriftliche wissenschaftliche Arbeiten"

(1) **Vorüberlegungen zur Themenstellung**
Wie kommen Sie zu der Formulierung eines Themas/einer Themenstellung für Ihre Haus- Seminar-, Diplom- oder Abschlußarbeit?
Welche Arbeitsschritte sind von besonderer Bedeutung?

(2) **Überlegungen zur Literatur-Suche**
Welche Möglichkeiten sehen Sie, für Ihr Thema relevante Literatur ausfindig zu machen?
Wo suchen Sie, an wen können Sie sich wenden?

(3) **Gemeinsames Erarbeiten von Antworten auf die folgenden Fragestellungen:**
Mit Hilfe welcher „Methode", mit Hilfe welcher „Leseart" können Sie über einen Text (Buch oder Aufsatz) innerhalb weniger Minuten in Erfahrung bringen, ob er für Ihr Thema relevant ist - wenn Sie sich ihn anschauen, ohne ihn Seite für Seite zu lesen?
Was kann Ihnen als Entscheidungshilfe dienen?
Was sehen Sie als problematisch im Rahmen der Literatursuche und -recherche an?

(4) **Wenn Sie themenrelevante Literatur gefunden haben - was dann?**

Dem **Arbeitspapier 5** ist im Rahmen der Einführung in den Themenbereich „Schriftliche wissenschaftliche Arbeiten" besondere Bedeutung zuzuschreiben, da anhand dessen die Grundzüge des geplantes Ablaufes und die inhaltliche wie didaktisch-methodische Gestaltung dieser Seminar-Einheit veranschaulicht werden können.

Mit Hilfe dieses Arbeitspapiers werden erste wichtige Schritte im Zuge der Planung und Ausarbeitung von schriftlichen wissenschaftlichen Arbeiten gedanklich angegangen.

Frage 1 zu den „Vorüberlegungen zur Themenstellung" dient einer ersten Sensibilisierung der Seminarteilnehmer für die eigenverantwortlichen Tätigkeiten im Zusammenhang mit der Durchführung wissenschaftliche Schreibprojekte.

Es werden zwar auch von Veranstaltungsleitern im Rahmen von Seminaren Themen vorformuliert ausgegeben, die dann von Einzelnen bzw. Arbeitsgruppen bearbeitet werden (können), andererseits besteht oftmals aber die Möglichkeit, sich das Thema einer Haus-, Seminar-, Diplom- oder Abschlußarbeit in Absprache mit dem jeweiligen Anleiter/Betreuer selbst zu wählen.

Die Wahl eines Themas bzw. die Formulierung einer konkreten Themenstellung zeugt bereits von ersten Bemühungen, sich den Herausforderungen einer wissenschaftlichen Arbeit zu stellen: Das Vorgehen ist gekennzeichnet von Versuchen, einen (noch) allgemein formulierten Arbeitstitel immer stärker auf die wesentlichen Schwerpunkte einzuschränken, zu konkretisieren und auf einen „griffigen" Titel zu reduzieren, der über das Hilfsmittel eines Untertitels auf zwei bis drei besonders interessant erscheinende Aspekte abheben kann.

Konkrete Formulierung der Themenstellung, Festlegen der Schwerpunkte über einen Untertitel sowie ein erster Gliederungsversuch, Festschreiben persönlicher Zielsetzungen, die mit der schriftlichen Arbeit realisiert werden sollen - dies sind die ersten Arbeitsschritte, die, zeitgleich mit einer Literaturrecherche bzw. dem Aktivieren von Vorwissen und Vorerfahrungen (z.B. durch ein „Brainstorming" oder „Mind-Mapping"), am Beginn der Realisierung eines wissenschaftlichen Schreibprojektes stehen (vgl. u.a. GLÜCKHER et al. 1995, 67).

Am Anfang jedoch steht eine Idee: ein Thema, was von besonderem Interesse ist, das aktuell in wissenschaftlichen und populärwissenschaftlichen Diskussionen bearbeitet wird, ein Thema, was dem Schreibenden in theoretischen oder (arbeits-) praktischen Zusammenhängen begegnet ist, kann den Ausgangspunkt darstellen.

Mit der **Frage 2** zu „Überlegungen zur Literatursuche" können die Seminarteilnehmer aktiviert werden, nach gedanklichen Möglichkeiten zu suchen, wie sie Literatur ausfindig machen können, die für die Bearbeitung ihres jeweiligen Schreibprojektes relevant sein könnte.

Auf diese Fragen werden in der Regel folgende Antworten gegeben, die hier komprimiert vorgestellt werden: Bibliotheken (wissenschaftliche Bibliotheken, aber auch Stadtbüchereien), Literaturverzeichnisse in Veröffentlichungen, Internetrecherchen, aber auch die Kontaktaufnahme zu Verfassern von Büchern und Zeitschriften sowie zu Lehrenden an Ausbildungseinrichtungen und Hochschulen.

Mit der **Frage 3**, mit Hilfe welcher „Methode" oder „Leseart" innerhalb weniger Minuten entschieden werden könne, ob eine Veröffentlichung für das jeweils gewählte Thema relevant sei oder nicht, hat es sich aus didaktischer Sicht wiederholt als sinnvoll erwiesen, jedem Seminarteilnehmer im Rahmen der Veranstaltung ein Buch zu geben, um die Fragestellung anhand eines konkreten Beispiels zu bearbeiten.

Für diese „Relevanz-Prüfung" können u.a. folgende Kriterien herangezogen werden:

- Titel/Untertitel und/oder Name des Autors
- Inhaltsverzeichnis (mit formaler Gliederung), Kapitelüberschriften
- Erscheinungsjahr (auch ein „altes" Buch kann abhängig von der Themen- oder Fragestellung der schriftlichen Arbeit relevant sein)
- Klappentext (Inhaltsangabe oder kurze biographische Hinweise zu dem jeweiligen Autor)
- Vorwort (Motive für die Themenwahl, Benennen der Zielgruppe u.ä.)
- Verlag
- Stichwort- und Personenregister
- „Leseprobe" (Schreibstil, Tabellen und Abbildungen)

Bei der Literatursuche und -recherche zu einem bestimmten Themen- oder Problembereich kann es u.a. zu folgenden Schwierigkeiten kommen, die insbesondere unerfahrenen Autoren als schier unüberwindbare Hindernisse erscheinen können.

So lassen sich beispielsweise zu dem Themenbereich *Gewalt gegen Kinder/Kindesmißhandlung* in Universitätsbibliotheken, im Internet und in Zeitschriftenkatalogen mehrere tausend Veröffentlichungshinweise auffinden.

Hier gilt es auszuwählen - und dies scheint für viele in wissenschaftlichen Schreibprojekten „unerfahrene" Studierende eine große Schwierigkeit darzustellen, die, konzentriert auf eine Frage, lauten könnte: „Welche Veröffentlichungen sind letztendlich bedeutsam für die Bearbeitung der jeweiligen Fragestellung?"

Bei der Literatursuche kann es nicht darum gehen, sämtliche Veröffentlichungen zu einem Themenbereich zu sichten und innerhalb des wissenschaftlichen Projektes zu verwerten, sondern diejenigen auszuwählen, mit deren Hilfe ein Thema in angemessener Weise bearbeitet werden kann.

In diesem Zusammenhang ist oftmals eine Absprache mit dem jeweiligen Betreuer/ Anleiter der wissenschaftlichen Arbeit vonnöten.

Die **Frage 4** im Rahmen des **Arbeitspapiers 5** zielt auf das weitere Vorgehen, nachdem die ersten Schritte bereits gegangen sind.

Die Themenstellung ist konkretisiert, es sind inhaltliche Schwerpunkte gewählt und über den Untertitel festgeschrieben, eine erste Gliederung ist erstellt, erste Literatursuche und -sichtung sind bereits erfolgt - nun beginnt der eigentlich kreative Akt, das eigene Schreiben.

An dieser Stelle kann nun nicht ein allgemeingültiges Vorgehen dargestellt werden, zu unterschiedlich sind die Arbeits- Lese- und Lernstile der einzelnen Menschen.

Was jedoch geleistet werden kann, ist die Darstellung eines formalen und damit auf alle Themenbereiche übertragbaren Gliederungsvorschlages (vgl. **Arbeitsblatt 6**) sowie die Beschreibung eines in Anlehnung an die Ausführungen von KRUSE (2000) entworfenes „Ablaufschemas" (vgl. **Arbeitsblatt 7**), das hinsichtlich des Planens, Ausarbeitens und Abfassens schriftlicher wissenschaftlicher Arbeiten konkrete Orientierungshilfen bieten kann (vgl. KRUSE 2000^8, 188 ff.).

Arbeitsblatt 6

Zur formalen Gliederung
von wissenschaftlichen Arbeiten
-
Ein Vorschlag

1. **Einleitung**
   1.1. Einführung
   1.2. Problemhintergrund
   1.3. Aufwerfen von Fragestellung(en)/Formulieren von Hypothese(n)

2. **Hauptteil**
   2.1. Einführung
   2.2. Darstellung der Ergebnisse/Abhandlung

3. **Schlußteil**
   3.1. Zusammenfassung und Diskussion der Ergebnisse
   3.2. Einordnen in allgemeine Zusammenhänge
   3.3. Ausblick (z.B. Aufwerfen neuer Fragestellungen)

   Literaturverzeichnis

oder bei zwei Fragestellungen

1. **Einleitung**
   1.1. Einführung
   1.2. Problemhintergrund
   1.3. Aufwerfen von Fragestellung(en)/Formulieren von Hypothese(n)

2. **Hauptteil 1** (als Antwort auf Fragestellung 1)
   2.1. Einführung
   2.2. Darstellung der Ergebnisse/Abhandlung
   2.3. Zusammenfassung

3. **Hauptteil 2** (als Antwort auf Fragestellung 2)
   3.1. Einführung
   3.2. Darstellung der Ergebnisse/Abhandlung
   3.3. Zusammenfassung

4. **Schlußteil**
   4.1. Zusammenfassung und Diskussion der Ergebnisse
   4.2. Einordnen in allgemeine Zusammenhänge
   4.3. Ausblick (z.B. Aufwerfen neuer Fragestellungen)

   Literaturverzeichnis

oder bei drei Fragestellungen

1. **Einleitung**
   1.1. Einführung
   1.2. Problemhintergrund
   1.3. Aufwerfen von Fragestellung(en)/Formulieren von Hypothese(n)

2. **Hauptteil 1** (als Antwort auf Fragestellung 1)
   2.1. Einführung
   2.2. Darstellung der Ergebnisse/Abhandlung
   2.3. Zusammenfassung

3. **Hauptteil 2** (als Antwort auf Fragestellung 2)
   3.1. Einführung
   3.2. Darstellung der Ergebnisse/Abhandlung
   3.3. Zusammenfassung

4. **Hauptteil 3** (als Antwort auf Fragestellung 3)
   4.1. Einführung
   4.2. Darstellung der Ergebnisse/Abhandlung
   4.3. Zusammenfassung

5. **Schlußteil**
   4.1. Zusammenfassung und Diskussion der Ergebnisse
   4.2. Einordnen in allgemeine Zusammenhänge
   4.3. Ausblick (z.B. Aufwerfen neuer Fragestellungen)

   Literaturverzeichnis

Zu den an dieser Stelle im Seminar erfolgenden Erläuterungen zur (formalen) Gliederung wie auch zu dem „Ablaufschema" der Arbeitsschritte im Rahmen eines schriftlichen wissenschaftliches Projektes sei hier auf den Exkurs 2, auf die Seiten 127 ff. verwiesen.

Diese Seminar-Einheit wird vornehmlich über eine vortragsähnliche Darstellung des Seminarleiters zu den wesentlichen Arbeitsschritten gestaltet, verbunden mit der grundsätzlichen Fragemöglichkeit der Seminarteilnehmer wie auch der Offenheit, eigene Erfahrungen und Kenntnisse in die Diskussion einzubringen.

Arbeitsblatt 7
"Ablaufschema" für das Vorgehen
bei wissenschaftlichen Schreibprojekten
(vgl. KRUSE 2000[8], 188 ff.)

Orientierungs- und Planungsphase
1. Themensuche und erste Planung
2. Thema erkunden: eigenes Wissen, Befragungen, weitere Informationsquellen
3. erste Literatursuche
4. Thema eingrenzen
5. Festlegen von Fragestellung(en) und Vorgehensweise

Recherche und Materialbearbeitung
6. Systematische Literatursuche
7. Beschaffen der relevanten Literatur in Bibliotheken u.ä.
8. Quellen- und Datensammlung
9. Lesen und Exzerpieren/Auswerten der Literatur bzw. Quellen entsprechend der/den Fragestellung(en)

Strukturieren des Materials
10. Ordnen, Klären, differenzieren, Belegen
11. Erarbeiten einer Gliederung

„Rohfassung"
12. Formulieren der Rohfassung
13. rückwirkende Veränderung der Struktur (u.U. auch des Inhalts)

Überarbeiten
14. nach „rotem Faden": Vollständigkeit, Überleitungen, Argumentation
15. nach wissenschaftlichen Standards: Logik, Begrifflichkeit(en), Anmerkungsapparat, Quellen- und Literaturverzeichnis, formale Vorgaben
16. nach sprachlichen Gesichtspunkten: Satzstruktur, Ausdruck

Korrektur
17. Korrektur-Lesen (eventuell durch Außenstehende): Rechtschreibung, Grammatik, Überprüfen von Verweisen, Zitaten, Quellen
18. „Reinschrift"

3.2.4.3. Zusammenfassung der Ergebnisse

Schriftliche wissenschaftliche Arbeitsprojekte erfordern von dem Schreibenden komplexe Kompetenzen, die erst über das schrittweise erfolgende Erlernen, Üben und Verfeinern ausgebildet werden können:

- nach Interesse ein Thema zu wählen und in operationalisierbare Fragestellungen zu „übersetzen" (Themenwahl und Themeneingrenzung)
- eine Gliederung zu entwerfen, die als Hilfestellung für die Ausarbeitung eines schriftlichen Projektes dienen kann
- die inhaltlichen Schwerpunkte in einem Untertitel festzuschreiben
- Zielsetzungen für das eigene schriftliche Projekt festzulegen
- in systematischer Weise Literatur zur Themenstellung zu suchen und zu lesen, dabei zu prüfen, welche Veröffentlichungen für die Bearbeitung der Fragestellungen tatsächlich relevant sind
- relevante Literatur zu exzerpieren und das Wissen argumentativ aufzubereiten
- die verwendete Literatur zu ordnen, zu strukturieren und in den eigenen Text, in die Argumentation als direkte und indirekte Zitate „wohldosiert" einfließen zu lassen
- eine Systematik in der Darstellung und Argumentation erkennbar werden zu lassen, die für den Lesenden inhaltlich nachvollziehbar ist
- wissenschaftliche Standards anzuwenden wie beispielsweise logisches, systematisches Vorgehen sowie einen Anmerkungsapparat samt Quellen- und Literaturverzeichnis anzulegen
- einen wissenschaftlichen Maßstäben angemessenen Schreibstil anzuwenden
- „sauber" zu zitieren
- Rechtschreib- und Grammatikregeln einzuhalten
- die formalen Vorgaben der jeweiligen Ausbildungseinrichtung zu beachten

3.2.5. Die achte Seminar-Sitzung „Abschlußsitzung"

Die achte, die die Einführungsveranstaltung *Wissenschaftliches Arbeiten* abschließende Seminar-Sitzung dient der Realisierung unterschiedlicher Zielsetzungen.

Zum einen besteht hier die Möglichkeit, „offen gebliebene", inhaltlich-fachliche Fragen gezielt anzusprechen, weitere Beispiele für systematisches Vorgehen bei schriftlichen wissenschaftlichen Arbeiten als Veranschaulichung theoretischer Zusammenhänge anzuführen und - wenn es das Zeitbudget erlaubt - die Seminarteilnehmer eigenständig Teilaufgaben aus dem komplexen Planungs- und Ausarbeitungsgeschehen eines wissenschaftlichen Schreibprojektes angehen zu lassen.

Dies könnte z.B. der Auftrag an Kleingruppen sein, für ein selbstgewähltes Thema eine konkrete Themenstellung samt Untertitel zu formulieren, Zielsetzungen festzuschreiben und einen ersten Gliederungsversuch auszuarbeiten. Die Ergebnisse der jeweiligen Arbeitsgruppen würden dann im Plenum vorgestellt und diskutiert.

Zum zweiten findet in der abschließenden Sitzung die sogenannte *Seminar-Kritik* statt: Wie während aller vorangegangenen Sitzungen besteht auch hier die Möglichkeit, mündlich, in direkter Form, positive wie negative Kritik zu Ablauf, inhaltlicher Schwerpunktsetzung, methodischen Vorgehensweisen, Arbeits- und Sozialformen sowie Zielsetzungen und grundsätzlichen didaktischen Überlegungen zu äußern.

Des weiteren wird nach dieser Aussprache ein vom Veranstaltungsleiter ausgearbeiteter Rückmeldebogen in die Lerngruppe eingebracht, mit dessen Hilfe in schriftlicher Form gezielte Rückmeldungen, Antworten auf „offene Fragen" zu Seminarablauf, -inhalt und -organisation sowie zum Grad der Verwirklichung von übergeordneten didaktisch-methodischen Überlegungen abgegeben werden können.

In diesem Zusammenhang sei nochmals darauf verwiesen, daß die Seminarteilnehmer im Rahmen des Einführungsseminars in den Themenbereich *Wissenschaftliches Arbeiten* aufgerufen waren und sind, mit kritischen Anmerkungen ihrerseits nicht nur innerhalb „einer abschließenden Veranstaltungs-Kritik am jeweiligen Semesterende bei(zu)tragen, sondern vor allem Anregungen zur ständigen begleitenden Kritik von Lehrveranstaltungen (zu) geben" (JUNNE 1993[3], 132; Zusätze durch d. Verf.).

Diese „erste Runde" der Veranstaltungskritik eröffnet somit Seminarteilnehmern und Veranstaltungsleiter gleichermaßen Möglichkeiten, das Seminar als solches zum Gegenstand einer gemeinsamen (selbst-)kritischen Diskussion zu wählen; zugleich soll diese „erste Runde" einführen in mögliche Formen von „Feed-backs" („Rückmeldungen").

Die gemeinsame Diskussion scheint aufgrund des gewählten didaktischen Ansatzes der *Teilnehmer-* und *Prozeßorientiertheit* die geeignete Arbeitsform zu sein, in konstruktiver Weise zu ergründen, „welches wirklich die kritischen Punkte einer Veranstaltung" (JUNNE 1993[3], 140) darstellen.

Die „zweite Runde" der Seminar-Kritik wird in Form eines schriftlich zu bearbeitenden Rückmeldebogens angegangen, in dessen Zuge den Seminarteilnehmern über den Weg des „Angebotes" vorab formulierter Fragestellungen Möglichkeiten eröffnet werden, ihre kritischen Anmerkungen in ausführlicher und zusammenhängender Weise bestritten.

Die Teilnehmer der Veranstaltung *Einführung in das Wissenschaftliches Arbeiten* werden von der Einführungssitzung an bis zur Abschlußsitzung immer wieder darauf hingewiesen, daß Erfolg oder Mißerfolg einer auf *Teilnehmer-* und *Prozeßorientiertheit* beruhenden Lehrveranstaltung zum großen Teil auf der Initiative, auf der konstruktiven Mitarbeit, auf der Äußerung von Interessen und (Themen-) Wünschen sowie auf (selbst-)kritischen Beobachtungen und aktiv gestalteten Anmerkungen von Seiten der Teilnehmer aufbauen.

Nur wenn es gelingt, die Seminarteilnehmer in den komplexen Lernprozeß einzubinden, (Mit-)Verantwortung für das Gelingen des Seminars zu übernehmen, wären die Grundlagen für die Erfüllung von Forderungen an eine *teilnehmer-* und *prozeßorientierte* Lehrveranstaltung geschaffen (vgl. SOMMER 2002 b, 125 f.).

4. Didaktische Grundsatzüberlegungen zu einem Einführungsseminar *Wissenschaftliches Arbeiten*

4.1. Zusammenfassung und Diskussion der Ergebnisse

Die beiden in dem vorliegenden Einführungsband bearbeiteten Aufgabenbereiche, zum einen grundsätzliche didaktische Überlegungen der Vermittlung von Lerninhalten in der akademischen Lehre und nicht-akademischen Ausbildung (vor allem im Rahmen von Einführungsveranstaltungen), zum anderen Grundwissen um und Grundtechniken von *Wissenschaftliches/m Arbeiten*, sind in der einschlägigen Literatur bisher kaum in der Verbindung zueinander thematisiert worden.

Lehrveranstaltungen, in deren Rahmen Grundlagen und Grundtechniken *Wissenschaftlichen Arbeitens* problematisiert werden, stellen in den Curricula vieler Ausbildungseinrichtungen und Hochschulen, die berufsqualifizierende Abschlüsse in Sozialer Arbeit vergeben, eine Ausnahme dar, so daß *Wissenschaftliches Arbeiten* als Randdisziplin angesehen werden kann.

Es lassen sich zwar eine Vielfalt und Vielzahl von Veröffentlichungen zum Themenbereich *Wissenschaftliches Arbeiten* auffinden, die jedoch, von wenigen Ausnahmen abgesehen, kaum in einem Arbeitszusammenhang mit Fragen der Vermittlung in Lehrveranstaltungen der akademischen und nicht-akademischen Ausbildung gesehen werden können.

Dies ist um so erstaunlicher, als zum einen eine solide wissenschaftliche Ausbildung eine der wesentlichen Voraussetzungen für ein erfolgreich verlaufendes Studium bzw. für eine nicht-akademische Ausbildung in sozialen und pädagogischen Berufen darstellt.

Zum anderen bieten Einführungsveranstaltungen in den Themenbereich *Wissenschaftliches Arbeiten* neben der Vermittlung grundlegender Kenntnisse um Arbeitstechniken und theoretische Zusammenhänge die Möglichkeit, Zielsetzungen aus unterschiedlichen Lernbereichen zu formulieren und deren Realisierung in gezielter, didaktisch begründeter Weise gemeinsam mit den Seminarteilnehmern anzustreben.

Die theoretische Ausarbeitung und praktische Umsetzung des „übergeordneten" didaktischen Arbeitsansatzes einer auf *Teilnehmer-* und *Prozeßorientiertheit*

aufbauenden Einführungsveranstaltung in den Themenbereich *Wissenschaftliches Arbeiten* für Studierende sozialer und pädagogischer Ausbildungs- und Studiengänge deutet auf eine didaktische Grundposition des Veranstaltungsleiters hin, die am ehesten mit den Stichworten
- Aktivierung von (Vor-)Wissen und (Vor-)Erfahrungen zu Fragen und Problemen der Themenstellung(en),
- Einbeziehen lernbiographischer Überlegungen der Seminarteilnehmer (Aspekt der *Selbsterfahrung*),
- kollegialer Arbeitsstil und Offenheit des Seminars für die Vielfalt methodischer Zugangsweisen und inhaltlicher Schwerpunkte und
- eigenes praktisches Tun, nicht theoretische Unterweisung

charakterisiert werden kann (vgl. „Seminar-Ankündigungsblatt", S. 37 f.).

Es wird mit Methoden „experimentiert": Neben wenigen vortragsähnlichen Beiträgen des Veranstaltungsleiters sind die Teilnehmenden aufgerufen, sich auf unterschiedlichen Ebenen hinsichtlich ihrer eigenen (Erkenntnis-)Interessen und dem jeweils individuell unterschiedlich ausgeprägten Maß an Vorwissen und Vorkenntnissen in die gemeinsame Diskussion von Arbeitspapieren, in die Kleingruppenarbeit und in das Plenum einzubringen.

Dieses Vorgehen findet seine methodische und inhaltliche Begründung und Rechtfertigung in der Überlegung, daß die Seminarteilnehmer im Rahmen der Bearbeitung von Fragen *Wissenschaftlichen Arbeitens* eigene Lernerfahrungen wie auch qualitativ unterschiedlich ausgeprägte Lese- und Arbeitsstile „mitbringen", deren Förderung mit einer Methode der Vermittlung nicht oder kaum entsprochen werden kann.

So eröffnen Einführungsveranstaltungen in den Themenbereich *Wissenschaftliches Arbeiten* den Teilnehmenden neben einem nüchternen, sachlich gehaltenen Zugang zu „Fakten"-Wissen und Techniken auch Möglichkeiten, den eigenen Lernstil wahrzunehmen, zumindest ansatzweise die besondere Bedeutung des eigenen Lese-, Lern- und Arbeitsstils für den weiteren Fortgang des Studiums hinsichtlich der Anforderungen für die Ausarbeitung bzw. das Niederschreiben wissenschaftlicher Arbeiten (Referate, Haus- und Seminararbeit, Abschluß- und

Diplomarbeit) zu erkennen und die Vielfalt von didaktischen Ansätzen zu „Fragen der Vermittlung" in Einführungsseminaren kennenzulernen.

„Neben-Erkenntnisse" dieser Prozesse lassen sich auf Seiten der Studierenden auch auf der Ebene des Erlernens und Erweiterns didaktisch-methodischer Kompetenzen (sozial-)pädagogischen Denkens und Handelns ausmachen:

- das Beherrschen von Grundkenntnissen *Wissenschaftlichen Arbeitens* scheint nicht nur für ein möglichst erfolgreich verlaufendes Studium, sondern auch als „Handwerkszeug" für die Anforderungen der späteren Berufstätigkeit in Bereichen der Sozialen Arbeit von Bedeutung zu sein;
- Einsicht in didaktisch-methodische Probleme der Konzipierung eines Einführungsseminars sowie in Möglichkeiten und die Notwendigkeit, von Seiten der Seminarteilnehmer in konstruktiver Weise sowohl auf Ablauf, Arbeits- und Sozialformen wie auch auf die Auswahl inhaltlicher Schwerpunkte und methodischer Zugangsweisen mit der Formulierung eigener Interessen Einfluß nehmen zu können;
- Gewinnen der Erkenntnis, daß das Thema *Wissenschaftliches Arbeiten*, das auf den ersten Blick oftmals als „trocken" und „langweilig" bzw. langweilend eingeschätzt wird, *teilnehmer-* und *prozeßorientiert* ausgerichtet zu einer ersten Sensibilisierung für den eigenen Arbeitsstil führen und in der Folgezeit zu Überlegungen hinleiten kann, die vielfältigen methodischen Ansätze und inhaltlichen Angebote möglicherweise als Ausgangspunkt und zusätzliche Motivation der Seminarteilnehmer für die weitergehende Ausprägung des individuell vorfindlichen Lernstils sowie für die Erweiterung des jeweiligen Erfahrungs- und Wissens-„Horizontes" anzusehen;
- Einsicht in die Möglichkeiten der Lernfelder „Mut zum Experimentieren" und „Entwicklung von Kreativität" (SOMMER) hinsichtlich methodischer Zugangsweisen und inhaltlicher Schwerpunkte, das „Sich-Einlassen auf bisher ungewohnte und für manche/n vielleicht auch als ungewöhnlich zu bezeichnende Arbeitsformen, die zumindest zeitweilige Bereitschaft zu Selbsterfahrung und sich anschließendem Reflektieren" (SOMMER 1998 b, 419) über die eigenen Erfahrungen mit *Wissenschaftlichem(n) Arbeiten*;

- Förderung von Erkenntnissen hinsichtlich der besonderen Bedeutung von *Didaktik* als „Teilbereich der Pädagogik, der sich mit der Analyse, Planung und Unterstützung von angeleiteten Lernprozessen befaßt" (GORGES 1996, 25), wobei unter dem Begriff *Didaktik der sozialpädagogischen Arbeit* in Anlehnung an MARTIN (1997) „Überlegungen zur zielgerichteten Gestaltung von Lernprozessen (Analyse und Planung) verstanden werden (können, Zusatz d. Verf.), die auf die Begründung, Kritik und Verbesserung der sozialpädagogischen Praxis abzielen" (vgl. MARTIN 1997[4], 43, ; vgl. auch SOMMER 1999, 48 ff.).

Einführungsveranstaltungen in den Themenbereich *Wissenschaftliches Arbeiten* bieten demnach neben dem Gewinnen von „reinem" Sach- und Faktenwissen sowie dem Erlernen elementarer Techniken erste Einblicke in grundlegende Anforderungen des Studien- bzw. Ausbildungsganges wie auch in manche die Studierenden in der späteren Berufstätigkeit erwartenden Aufgaben.

Darüber hinaus kann mit Hilfe eines auf dem didaktischen Leitsatz von *Teilnehmer-* und *Prozeßorientiertheit* abgestimmten, vielfältige Arbeits- und Sozialformen anbietenden, durch Offenheit für das Einbringen eigener Interessen charakterisierbaren, auf der aktiv-konstruktiven Mitarbeit der Teilnehmenden aufbauenden Einführungsseminars *Wissenschaftliches Arbeiten* neben den „rein" fachlichen Kenntnissen die Fähigkeit zur kritischen Selbstreflexion der Studierenden in bezug auf ihre bisherigen Lern- und Arbeitserfahrungen, auf ihr studentisches Selbstverständnis und berufliches Selbstbild sowie auf ihre Einstellungen in Hinblick auf die Ausbildungs- und Studiengänge Sozialer Arbeit gefördert werden. Die dabei gewonnenen Erkenntnisse können in der Folge dienlich sein zum Einlösen von Forderungen nach einem „kritischen Studium".

JUNNE (1993) beschreibt in diesem Zusammenhang eine seiner Erwartungen an die Studierenden, „die Konsumenten-Haltung aufzugeben, mit der die meisten Studenten und Studentinnen von der Schule an die Hochschule kommen. Sie müssen lernen, die ihnen angebotenen Lehrinhalte nicht unbefragt aufzunehmen und sich in den Lehrveranstaltungen nicht nur Probleme vorgeben zu lassen, sondern sie besonders interessierende Themenbereiche eigenständig zu erarbeiten", dabei sei ein „kritische Studium (...) in erster Linie ein selbstkritisches Studium: Es setzt die Bereitschaft voraus, die eigenen Auffassungen in Frage stellen zu lassen und selbst in Frage zu stellen" (JUNNE 1993[3], 11; Auslassungen durch d. Verf.).

4.2. Wissenschaftliches Arbeiten unter dem Blickwinkel von Fragen der Didaktik (Vermittlung) - Versuch einer vorläufigen Einordnung

In der Regel sollten Einführungsveranstaltungen in das *Wissenschaftliche Arbeiten* am Beginn einer Ausbildung bzw. in den ersten Semestern eines Studiums in sozialen und pädagogischen Berufen angeboten werden.

Neben dem Erlernen und Ausprägen von Techniken des Lesens, Exzerpierens, Referierens, Schreibens, des bewußt vorgenommenen, zielgerichteten Einsetzens „didaktischer" Kompetenzen, dem sogenannten „Handwerkszeug" - FRANCK (2000) spricht in diesem Zusammenhang von „Schlüsselqualifikationen" und meint damit „Lesen", „Schreiben" und „Reden" (vgl. FRANCK 2000) - bestehen für die Seminarteilnehmer auf unterschiedlichen Ebenen Möglichkeiten,

- den eigenen Lern-, Lese- und Arbeitsstil kennenzulernen und den von Mitstudierenden zu betrachten
- die Vor- und Nachteile der Arbeit in Kleingruppen kennen- und einzuschätzen
- gemeinsam in einer Gruppe Verantwortung für einen Seminar-Abschnitt, das eigene (Gruppen-)Referat, zu übernehmen
- selbstkritisches Denken zu üben
- in konstruktiver Weise zu streiten, Positionen zu beziehen und sachlich zu diskutieren
- letztendlich das eigene Denken und Handeln zu reflektieren

Das im Rahmen des vorliegenden Bandes vorgestellte Konzept für die Planung, Durchführung und Auswertung von Einführungsseminaren in das *Wissenschaftliche Arbeiten* für Studierende sozialer und pädagogischer Berufe stellt einen Ansatz von Lehre dar, in dessen Mittelpunkt nicht die ausschließlich auf theoretischer Ebene anzusiedelnde Vermittlung von inhaltlich bestimmten Schwerpunktthemen steht, sondern auch und vor allem das eigenverantwortliche, konstruktiv gestaltete, Kreativität herausfordernde Denken und Handeln auf Seiten der Studierenden.

Wissenschaftliches Arbeiten, und dies ist eine der wesentlichen Erkenntnisse aus den angestellten Überlegungen, läßt sich, allgemein formuliert, in wirksamer Weise (er-)lernen, indem „wissenschaftlich" gearbeitet wird, d.h. indem die Studierenden von Beginn an das, was sie lernen sollen, anwenden (können).

Ein sinnvoller Weg, Referate abhalten zu lernen, besteht m.E. darin, in systematischer Weise die wesentlichen Aspekte, die bei dem Prozeß des Planens, Ausarbeitens, Abhaltens und Reflektierens eines mündlich zu erfolgenden „Vortrages" zu beachten sind, zu erarbeiten und den Studierenden in einem zweiten Schritt die Möglichkeit zu eröffnen, dieses Wissen in sich zu „verankern".

Dieser komplexe Prozeß des „Verankerns" kann dann aktiv vorgenommen werden, wenn die Studierenden die für sie neuen Erkenntnisse wie auch die erlernten bzw. verfeinerten Techniken *Wissenschaftlichen Arbeitens* einpassen (können) in den bereits vor- oder ausgebildeten, eigenen, individuellen Lern-, Lese- und Arbeitsstil.

Wenn dieses umfangreiche „neue" bzw. aktualisierte Wissen dann in der Praxis angewendet, beispielsweise in die konkrete Lehr-Lern-Situation „Referat" umgesetzt werden kann, gleichzeitig verbalisierte Rückmeldungen von Seiten der Zuhörer und des Veranstaltungsleiters zu dem Referat erfolgen, so besteht eine als „wegweisend" zu bezeichnende Wahrscheinlichkeit, daß in der Verantwortung stehende Einzelne oder Arbeitsgruppen „übergeordnete" Erkenntnisse hinsichtlich des Themenbereiches *Wissenschaftliches Arbeiten*, hier *Referat*, gewinnen können.

Das Verfassen von schriftlichen wissenschaftlichen Arbeiten folgt ähnlichen „Gesetzen" in der Planung und Ausarbeitung wie denen eines Referates.

Ein wesentlicher Unterschied besteht jedoch darin, daß die schriftliche Arbeit im Gegensatz zu einem mündlich abzuhaltenden Referat keine oder kaum soziale und kommunikative Kompetenzen der Verantwortlichen erfordert.

Dennoch gilt auch hier der bereits beschriebene Weg, daß das Abfassen schriftlicher wissenschaftlicher Arbeiten sinnvollerweise durch das praktische Anwenden erworbenen Wissens, „handwerklich" ausgerichteter Techniken und das Umsetzen vorhandener Erfahrungen gelernt werden kann, d.h. indem die Studierenden schriftliche Projekte planen, konzipieren, ausarbeiten und abfassen sowie das eigene Denken und Handeln - und dies scheint von besonderer Bedeutung - über verbalisierte Rückmeldungen von Lehrenden reflektieren.

4.3. Ausblick

Welche Perspektiven lassen sich aus diesen Grundsatzüberlegungen ableiten?

Es scheint nicht nur sinnvoll, sondern notwendig, für Studierende in den Anfangssemestern eines Hochschulstudiums bzw. in der Anfangsphase einer Ausbildung im Bereich Sozialer Arbeit Grundlagenwissen hinsichtlich *Wissenschaftlichen Arbeitens* anzulegen.

Kenntnisse in diesem Bereich erleichtern nicht nur das Ausführen während des Studiums/der Ausbildung ständig anfallender Arbeitsaufträge, sondern können die Motivation für ein (Literatur-)Selbststudium im positiven Sinne beeinflussen; außerdem stellt eine solide wissenschaftliche Ausbildung gleichermaßen eine Grundlage für das Erfüllen der die Studierenden in ihrer späteren beruflichen Wirklichkeit erwartenden Aufgaben dar.

Von besonderer Bedeutung in diesem Zusammenhang ist m.E. die in ihren Kernaussagen nachvollziehbare These, wonach ein/e grundständige/s Ausbildung/ Studium in den Arbeitsfeldern Sozialer Arbeit nicht sämtlichen Anforderungen des Berufslebens genügen könne; vielmehr gelte es, gemeinsam mit den Studierenden anhand ausgewählter Beispiele einzelne Dimensionen einer Frage- und Problemstellung zu erarbeiten wie auch die „übergeordneten" Zusammenhänge zu erörtern.

Im Zuge eines solchen Vorgehens sollten sich die Studierenden mit zunehmender Dauer ihres Studiums bzw. ihrer Ausbildung in der Lage sehen (können), die aus dem *exemplarischen Lernen* gewonnenen Erkenntnisse auf die den jeweiligen Themen- und Problemstellungen angemessen erscheinenden Arbeitsweisen, methodischen Vorgehensweisen, einer dem Anspruch auf Wissenschaftlichkeit genügenden Systematik und Nachvollziehbarkeit in der Argumentation und Darstellung zu übertragen.

Das Erreichen dieser sicherlich mittelfristig angelegten Zielsetzungen wird nur eigenverantwortlich und selbständig möglich sein, wenn die Studierenden *exemplarisches Lernen* im Laufe ihrer Ausbildung/ihres Studium in den theoretischen Grundlagen, aber auch in ihren jeweiligen Handlungs- und Übertragungsbezügen kennengelernt haben werden.

Anhang

Exkurs 1
Lernen und *Didaktik* als zentrale Aspekte
in pädagogischen Denk- und Handlungszusammenhängen
-
Eine Einführung in didaktisch-methodische Grundüberlegungen

Exkurs 2
Schriftliche wissenschaftliche Arbeiten
-
Eine Einführung in Grundgedanken und Grundlagen
Wissenschaftlicher(n) Arbeiten(s)

Exkurs 1

Im folgenden sei die veränderte Fassung eines Aufsatzes von SOMMER (2002) angeführt, in dem u.a. die Begrifflichkeiten *Lernen* und *Didaktik* wie auch grundsätzliche didaktische Überlegungen in (sozial-)pädagogischen Denk- und Handlungszusammenhängen erläutert werden (vgl. SOMMER 2002 c).

Wenn von der Berechtigung der These ausgegangen wird, wonach alle (professionell) pädagogisch arbeitenden Menschen i.w.S. „Lernhelfer" (GIESECKE 2000[7], 25) seien, so scheint die Übertragung und die grundsätzliche Übertragbarkeit von im Zusammenhang mit (sozial-)pädagogischen Themenbereichen gewonnenen Erkenntnissen auf den Kontext von *Wissenschaftlichem Arbeiten*, und hier insbesondere dem Planen, Ausarbeiten, Abhalten und Reflektieren von Referaten, nachvollziehbar (vgl. Kap. 3.2.3., S. 50 ff.).

Die Zielgruppe, die der Referent mit seiner Veranstaltung „erreichen" will, setzt sich aus einer jeweils unterschiedlichen Zahl von Individuen zusammen, die lernen wollen, die Referenten sind demgegenüber diejenigen, die sich in der Rolle der „pädagogisch" Denkenden und Handelnden befinden und *Lernen* ermöglichen wollen.

1. Einführung

Während *Alltagswissen* durch Erkenntnisse in dem und durch den Alltag eines Menschen erworben wird - somit subjektiv wahrgenommene Erlebnisse und Erfahrungen aus der persönlichen Lebenswelt darstellt -, kann *Wissenschaftliches Wissen* u.a. dadurch gekennzeichnet werden, „daß einerseits Kenntnis erweitert wird, andererseits aber zugleich auch die *Bedingungen der Erkenntnisgewinnung* hinterfragt werden" (ENGELKE 1993[2], 25).

Berufswissen stellt folglich eine Verbindung von *Alltagswissen* und *Wissenschaftlichem Wissen* dar, eine Verbindung, in deren Rahmen u.U. langjährigen beruflichen Erfahrungen in einem Aufgabenfeld, den in der praktischen Arbeit erprobten Lösungsmöglichkeiten wie auch den Anforderungen einer sich fortentwickelnden wissenschaftlichen Forschung Rechnung getragen werden müßte (vgl. ENGELKE 1993[2], 23 ff.).

Dabei sind vor allem Pädagogen selbst aufgerufen, dem vielfach erhobenen Vorwurf einer „Pädagogik aus dem Bauche heraus" zu begegnen, indem sie die Grundlagen (sozial-)pädagogischen Handelns benennen und im weiteren wissenschaftlich zu begründen suchen, ihr eigenes Tun (selbst-) kritisch reflektieren und die Ergebnisse dieser Prozesse wiederum in die Diskussion in die auf pädagogischen bzw. erziehungswissenschaftlichen Erkenntnissen aufbauende Theorie und Praxis einmünden lassen.

BAUER (1997) beschreibt die Diskrepanz zwischen einer „Pädagogik aus dem Bauche heraus" und einer „wissenschaftlichen Pädagogik" mit Hilfe der Gegenüberstellung der Begriffe *Pädagogik* und *Erziehungswissenschaften*: Während er unter *pädagogischem Handeln* beispielsweise die Tatsache verstanden wissen will, „Menschen können erziehen und anderen Menschen etwas beibringen, ohne Pädagogik studiert zu haben. Es gibt so etwas wie eine lebensweltliche Kompetenz, zu interagieren, zu erziehen, zu heilen, ohne daß Experten auf den Plan treten müßten, um hier einzugreifen", faßt BAUER (1997) unter den Begriff *Erziehungswissenschaften* neben vielen anderen u.a. die Aufgabe, „neben der Beschreibung pädagogischen Handelns und der Reflexion über Erziehung und Lernen auch wirkungsvollere Formen des Handelns zu entwickeln und zu verbreiten. (...) Pädagogisches Handeln auf erziehungswissenschaftlicher Grundlagen unterscheidet sich von pädagogischem Handeln in gegebenen Lebenswelten. Es ist in stärkerem Maße zielgerichtet, orientiert sich an Methoden und Techniken, deren Wirksamkeit erprobt wurde, und findet im Kontext einer kritischen Diskussion und Reflexion statt" (BAUER 1997, 26; Auslassungen durch d. Verf.; vgl. auch MÜLLER 1997[3], 144 ff.).

Diese Diskrepanz, die sich in der beruflichen Wirklichkeit zwischen einer vielfach angewandten „gefühlsmäßig" bestimmten „Pädagogik aus dem Bauche heraus" und methodisch abgesicherten, bewußt konzipierten, die individuellen Voraussetzungen eines Einzelnen oder einer Gruppe bedenkenden, wissenschaftlich begründeten Vorgehensweisen unter Einbeziehung didaktischer Grundsätze zeigt, kann nur dann in zufriedenstellender Weise aufgelöst werden, wenn es gelingt, die pädagogischen Mitarbeiter für die Notwendigkeit zu sensibilisieren, Prinzipien pädagogischen Arbeitens auf der Grundlage (erziehungs-)wissenschaftlicher Erkenntnisse zu entwickeln und diese in den Berufsalltag einzupassen (vgl. SOMMER 1999, 45 ff.).

Trotz dieser bislang nicht in zufriedenstellendem Maße geklärten Probleme einer differenzierten Betrachtung werden im Rahmen des vorliegenden Aufsatzes folgende Fragestellungen formuliert, an deren Beantwortung sich schrittweise angenähert werden soll:

(1) Welche beruflichen Kompetenzen und welche sozialen Handlungsformen können im Rahmen der Betrachtung (sozial-)pädagogischen Denkens und Handelns als grundlegend bezeichnet werden?

(2) An welchen grundsätzlichen Denkpositionen und Arbeitsansätzen von Sozialpädagogik bzw. Erziehungswissenschaft können sich in der praktischen Arbeit „vor Ort" tätige Sozialpädagogen bei der Entwicklung von Lösungsmöglichkeiten für im Berufsalltag anstehende Probleme orientieren?

2. Grundlagen sozialpädagogischen Denkens und Handelns

2.1. Einführung

Unter dem Begriff *Pädagogik* wird von Fachleuten wie auch von Laien vielerorts die Wissenschaft von der Erziehung und Bildung verstanden, wobei, sehr allgemein formuliert, mit *Erziehung* das Initiieren und Unterstützen von Lernprozessen, mit *Bildung* die Entwicklung und das Ergebnis dieses Prozesses umschrieben werden kann, in dessen Rahmen über den Weg der aktiven Auseinandersetzung des Einzelnen mit der Welt die Wirklichkeit für den Menschen und der Mensch für die Welt erschlossen werde.

Der Einzelne erlerne dabei, mit Wirklichkeit angemessen umzugehen, seine eigene Stellung zu erkennen und sein Leben selbstbestimmt und eigenverantwortlich gestalten zu können (vgl. HOBMAIR 1996^2, 93).

Den in unterschiedlichen Berufsfeldern professionell tätigen Pädagogen werden zwar Aufgaben von *Erziehung* und *Bildung* zugeschrieben, bei näherer Beschäftigung mit diesen Begriffen fällt jedoch eine deutlich zu beobachtende begriffliche Unklarheit wie auch ein als inflationär zu bezeichnender Wortgebrauch auf (vgl. u.a. BREZINKA 1981^4, 34 ff.; Deutscher Verein für öffentliche und private Fürsorge 1997^4, 156 ff., 282 ff. EYFERTH/OTTO/THIERSCH 1984, 1016 ff.; HEID 1997^3, 43 ff.; KREFT/MIELENZ 1988^3, 113 ff, 167 ff.; KRON 1994 b, 195 ff.; LANGEWAND 1997^3, 69 ff.; SCHRÖDER 1992^2, 36 ff., 82 ff.; SCHWENDTKE 1991^3, 49 ff., 81 ff.; vgl. auch GIESECKE 1996^5, 21 ff., BADRY 1994 a, 55 ff.).

Daß einführende Begrifflichkeiten für die Beschreibung von Grundlagen pädagogischen Denkens notwendig sind, scheint unbestritten; Anlaß zu Kontroversen bieten Fragen nach deren Sinnhaftigkeit sowie deren praktischer Anwendbar- und Verwertbarkeit.

Der *Didaktik* als *Herzstück der Pädagogik* sowie dem Terminus *Lernen als pädagogischer Grundbegriff* werden im Rahmen der Betrachtung von Grundlagen (sozial-)pädagogischen Arbeitens zentrale Bedeutung zugeschrieben.

Diese These wird gewiß nicht nur Zustimmung finden in Kreisen von pädagogisch Tätigen, da sie zum einen den Begriff *Didaktik* als Zentralbegriff von Pädagogik einführt, sie zum anderen, statt die traditionell auf die Dimensionen von *Er*-

ziehung und *Bildung* abhebenden pädagogischen Theorien anzuerkennen, dem Begriff *Lernen* zentrale Bedeutung zuschreibt.

Die Widerstände mancher Pädagogen werden sich richten gegen die überragende Bedeutung, die *Didaktik* im Rahmen einer solchen Betrachtungsweise von pädagogischen Grundlagen zugeschrieben wird.

Dies ist verständlich, da trotz vielerorts wahrnehmbarer Forderungen nach Verankerung didaktisch-methodischen Wissens in Ausbildung und Berufspraxis insbesondere im Bereich außerschulischer Pädagogik (Sozial-, Heil- und Behindertenpädagogik) ein Wissens-, Lehr- und Forschungsdefizit auffällt, das seinen äußeren Ausdruck in dem Fehlen einer *Didaktik der (Sozial-) Pädagogik* erfährt.

So lassen sich in der einschlägigen wissenschaftlichen Literatur bisher nur wenige Versuche erkennen, Grundlagen einer *Didaktik der Sozialpädagogik* zu erarbeiten (vgl. BADRY/BUCHKA/KNAPP 1994[2], GORGES 1996, MARTIN 1997[4], SCHILLING 1995[2], WEINSCHENK 1976).

Zum anderen, und auch das scheint bei kritischer Betrachtung der näheren Umstände zwar nicht folgerichtig, dennoch nachvollziehbar, fühlen sich in dem Arbeitsbereich *Pädagogik* viele Fachfremde als „Experten", da sie, und das führen sie als Argumente für ihr „Expertenwissen" an, selbst erzogen worden seien, eigene Kinder erzogen und sich mit pädagogischer bzw. erziehungswissenschaftlicher Literatur beschäftigt hätten, allesamt Argumente, die letztendlich, vor allem vor dem Hintergrund der Einführung von *Didaktik* und *Lernen* als zentrale erziehungswissenschaftliche Begriffen, nicht für die Begründung wissenschaftlich verfügbaren Wissens angeführt bzw. anerkannt werden können.

Dennoch führt dies beispielsweise im Arbeitszusammenhang von *Pädagogik und Neurologischer Rehabilitation hirngeschädigter Kinder, Jugendlicher und junger Erwachsener* zu der vielfach getroffenen Beobachtung, daß sich zwar Mediziner, Psychologen und Angehörige anderer medizinisch-therapeutischer Fachbereiche mit ihrem Alltagswissen, Berufswissen und ausgewiesenem Fachwissen in die Bearbeitung pädagogischer Fragestellungen einschalten, ohne dabei jedoch den Nachweis wissenschaftlicher, didaktischer und methodischer Qualifizierung zu erbringen (SOMMER 1997 a, 1997 b, 1998, 1999).

2.2. Grundbegriffe (sozial-)pädagogischen Denkens und Handelns

2.2.1. *Didaktik* als zentraler Begriff von Pädagogik

Während in Fachkreisen weitgehend Übereinstimmung herrscht, *Didaktik* der wissenschaftlichen Disziplin Pädagogik bzw. Erziehungswissenschaft zuzuordnen (vgl. u.a. RÖHRS 1969, 318, KLINGBERG 1972, 41, PETERSSEN 1983, 26, KLAF-

KI 1985, 34), läßt sich hinsichtlich inhaltlicher Dimensionen von *Didaktik* eine breite Palette sehr unterschiedlicher Begriffsbestimmungen finden, die von „Didaktik als Wissenschaft und Lehre vom Lehren und Lernen", über „Didaktik als Bildungslehre im umfassenden Sinne", von „Didaktik als Wissenschaft von Unterricht", über „Didaktik als Theorie der Bildungsinhalte bzw. als Theorie der Bildungskategorien" (vgl. KLAFKI 1961, Sp. 174; zit. nach KRON 1994², 42) bis hin zu „Didaktik als Theorie der Steuerung von Lernprozessen" und „Didaktik als Anwendung psychologischer Lehr- und Lerntheorien" (vgl. KRON 1994², 42 ff.) reicht.

So verbindet GORGES (1996) mit dem Begriff *Didaktik* den „Teilbereich der Pädagogik, der sich mit der Analyse, Planung und Unterstützung von angeleiteten Lernprozessen befaßt" (GORGES 1996, 35).

Nach GORGES (1996) versuche *Didaktik* als wissenschaftliche Teildisziplin der Pädagogik „zunächst, Lernprozesse einschließlich der Frage nach dem Sinn von Lern- bzw. Bildungsinhalten zu analysieren. Dabei werden Erkenntnisse gewonnen, die transformiert werden in für die Praxis relevante Kriterien oder Denkmodelle. In diesem Zusammenhang muß darauf hingewiesen werden, daß die Didaktik sich nicht in dem Sinne als eine normative Wissenschaft versteht, die konkrete Anweisungen oder Regeln für das Handeln in der Praxis liefert. Sie kann nur Leitlinien und Entscheidungshilfen anbieten, auf welche sich Praktiker in ihrem Handeln und ihrer Argumentation beziehen" (GORGES 1996, 35 f.) könnten.

In Anlehnung an MARTIN (1997) können unter dem Begriff *Didaktik der sozialpädagogischen Arbeit* Überlegungen zur zielgerichteten Gestaltung von Lernprozessen (Analyse und Planung) verstanden werden, die auf die Begründung, Kritik und Verbesserung der sozialpädagogischen Praxis abzielen (vgl. MARTIN 1997⁴, 43). *Didaktik* dient demnach zum einen der Unterstützung von gezielten Lernprozessen, zum anderen als „Methode" der (Selbst-) Kritik und Reflexion pädagogischen Handelns.

In diesem Zusammenhang sei auf einen interessanten Versuch von MARTIN (1997) hingewiesen, der *Didaktik* folgendermaßen beschreibt. Seiner Meinung nach sei *Didaktik* „eine schlichte Sache: Es geht dabei nicht um Erkenntnisse und erst recht nicht um systematisches Wissen. Didaktik ist eine Grundlagendisziplin und beschäftigt sich nicht mit Fragen allgemeiner Art, etwa mit einer pädagogischen Zieltheorie oder mit einer Methodenlehre (...). Nicht um Theorie geht es, sondern um eine Tätigkeit. Didaktische Arbeit besteht darin, praktische Probleme zu lösen: konkrete Situationen des pädagogischen Alltags zu erfassen, zu klären und dann das notwendige Handeln zu planen. Damit steht die Didaktik im Dienst der pädagogischen Praxis" (MARTIN 1997[4], 5; Auslassungen durch d. Verf.).

Im Rahmen außerschulischer Pädagogik bauen methodisch abgesicherte pädagogische Denk- und Arbeitsansätze auf der Basis erziehungswissenschaftlicher Erkenntnisse grundsätzlich auf der *didaktischen Analyse* auf, wobei als bedeutende Schritte im Rahmen der *didaktischen Analyse* die Einbeziehung der individuellen und soziokulturellen Voraussetzungen, Entscheidungen in Erziehung, Unterricht, Ausbildung, Pflege und Therapie über Ziele und Inhalte, Auswahl von Methoden und Medien sowie die Reflexion der Wirkungen und Folgen von Lernprozessen angesehen werden können (vgl. u.a. BUCHKA 1994 a, 1994 b, SCHILLING 1995, STADLER 1996).

Die Vorbereitung und Begründung, die kritische Prüfung sowie die Verbesserung der eigenen (pädagogischen) Arbeit beinhaltet die konkrete Umsetzung der *didaktischen Reflexion*, deren Gesamtprozeß sich nach MARTIN (1997) in vier aufeinander beziehende Schritte untergliedern lasse (vgl. MARTIN 1997[4], 60 ff.):

(1) Situationsanalyse (Analyse der Ausgangssituation, Beschreiben und Erklären von Beobachtungen aus der alltäglichen pädagogischen Praxis wie beispielsweise Verhaltensauffälligkeiten, Gruppensituation, Konfliktverhalten u.ä.)

(2) Planen (Entscheidungen hinsichtlich der Bestimmung von Zielen, Inhalten, Einsatz von Medien; praktische Vorbereitung pädagogischer Arbeit)

(3) Handeln als praktisches Umsetzen des Planens

(4) Reflektieren und Auswerten (die Ergebnisse der Auswertung stellen gleichzeitig mögliche Kriterien für eine erneute Situationsanalyse dar)

So lassen sich auch in diesem Zusammenhang Kriterien für ein professionell aufgearbeitetes pädagogisches Handeln in Grundzügen erkennen, die u.a. die Begriffe *Begründung* und *Begründbarkeit (sozial-) pädagogischer Arbeit, Zielgerichtetsein* und *Alltagsorientiertheit* (Realitätsbezogenheit) umfassen.

2.2.2. *Lernen als zentraler Begriff von Pädagogik*

Ohne eine bestimmte erziehungswissenschaftliche bzw. psychologische „Schule" vertreten zu wollen, kann unter dem Begriff *Lernen* der Erwerb neuer und/oder die relativ überdauernde Veränderung bestehender Verhaltensweisen als Folge von Erfahrung, Beobachtung und Übung im Zuge der Auseinandersetzung mit Umweltsituationen verstanden werden (vgl. u.a. STADLER 1996, 115, HOBMAIR 1996[2], 78).

GIESECKE (1990) bietet in Abgrenzung zu dem engen Lernbegriff der modernen empirischen Lernforschung eine Begriffsbestimmung von *Lernen* im allgemeinsten Sinne an, nach der *Lernen* „die produktive und auf Förderung angewiesene Fähigkeit des Menschen (darstelle, Zusatz d. Verf.), Vorstellungen und Gewohnheiten, Einstellungen, Verhaltensweisen und Fähigkeiten aufzubauen bzw. zu verändern" (GIESECKE 1990, 48).

Nach MARTIN (1997) zeichnet sich *Lernen im sozialpädagogischen Feld* vor allem durch die Momente Orientierung an Alltagsproblemen, relative Offenheit in seinen institutionellen und organisatorischen Rahmenbedingungen wie auch in seiner methodischen Vielfalt, die Möglichkeit einer ganzheitlichen (d.h. kognitive, emotionale und soziale Erfahrungen einbeziehenden) Herangehensweise sowie durch Verwirklichung eines aneignenden, erfahrungsbezogenen Vorgehens aus (vgl. MARTIN 1997^4, 38 f.).

GORGES (1996) beschreibt den grundsätzlichen Charakter von Lernsituationen in der Sozialen Arbeit mit den Merkmalen Freiwilligkeit, gemeinsames Erarbeiten von Zielen und Inhalten, Alltags- und Erfahrungsorientierung, Lernen für die jeweils aktuelle Situation, gemeinsame Bewertung der Ergebnisse, kurzfristige Lernprozesse, Lernende aller Altersstufen (vgl. GORGES 1996, 84).

Dabei kann grundsätzlich zwischen zwei Formen von *Lernen* unterschieden werden: zum einen das bewußte, absichtliche Lernen mit einem Ziel (*intentionales Lernen*), zum anderen, und diese Form stellt die überwiegende Quelle menschlichen Lernens dar, das unbewußte, alltägliche Lernen (*funktionales Lernen*), das in unterschiedlichen Situationen und Bereichen des Alltagslebens angesiedelt ist (vgl. SCHILLING 1995^2, 27).

Die Frage, was das Ziel pädagogischen Handelns im Unterschied zu anderen Formen sozialen Handelns letztendlich ausmache, beantwortet GIESECKE (2000) mit dem Stichwort *Lernen*. Pädagogen seien demnach „Menschen, die anderen, ob Kindern und Erwachsenen, Lernen ermöglichen sollen, sie sind 'Lernhelfer'" (GIESECKE 2000^7, 25), wobei *Lernen* immer nur einen Aspekt von Leben darstelle.

2.3. Zusammenfassung

Im Rahmen von Bemühungen, (sozial)pädagogisches Handeln auch für außenstehende, fachfremde Betrachter verständlich und transparent zu machen, andererseits die Professionalisierung und Verwissenschaftlichung (sozial-)pädagogischen Arbeitens voranzutreiben, scheint die Notwendigkeit unumgänglich, Begriffe für die Beschreibung von Grundlagen pädagogischen Denkens und Handelns einzuführen.

Im vorliegenden Denkansatz wird insbesondere den Fachtermini *Didaktik* und *Lernen* zentrale Bedeutung für eine auf erziehungswissenschaftlichen Erkenntnissen aufbauende pädagogische Arbeit zugeschrieben, wobei *Didaktik* nicht als theoretische Wissenschaftsdisziplin, sondern als praktische Hilfe bei der Analyse, Planung, Durchführung und Auswertung von angeleiteten Lernprozessen wie auch als „Hilfsmittel" für die kritische Reflexion methodischer und inhaltlicher Dimensionen pädagogischen Handelns verstanden wird.

Das Realisieren dieser vielfältigen Aufgaben erfordert neben dem Ausbilden fachlich-inhaltlicher Positionen vor allem didaktisch-methodisches Können sowie soziale und kommunikative Kompetenzen, Grundlagen pädagogischen Handelns, die nicht allein aufgrund von Ausbildung und Studium als vorhanden vorausgesetzt werden können, sondern auch berufsbegleitend Inhalt von Selbsterfahrungs- und Supervisions- bzw. Fort- und Weiterbildungsveranstaltungen darstellen.

Nach Aussagen von BAUER (1997) stellten „menschliche Qualitäten und persönliche Kompetenzen eine wichtige Voraussetzung für die Ausübung eines pädagogischen Berufs" (dar, Zusatz des Verf.). Sie ersetzen aber weder Sachkompetenz noch Methoden- und Sozialkompetenz" (BAUER 1997, 53).

Es bedarf demnach gezielter pädagogischer Informations- und Fortbildungsveranstaltungen, in deren Rahmen der Erwerb bzw. die Vertiefung theoretischen Wissens wie auch die Eröffnung von Möglichkeiten der praktischen Umsetzbarkeit in die alltägliche pädagogische Arbeit vorstellbar wird: Selbsterfahrung hinsichtlich anthropologischer Voraussetzungen pädagogischer Arbeit, Darstellung und Reflexion des eigenen pädagogischen Denk- und Arbeitsansatzes, Erarbeitung bzw. Erweiterung vorhandenen pädagogisch-fachlichen und didaktisch-methodischen Grundlagenwissens sowie der Erwerb bzw. die Weiterentwicklung sozialer und kommunikativer Kompetenzen.

3. Orientierungshilfen für (sozial) pädagogisches Handelns

3.1. Erste Annäherung an den Themenbereich

Auf die Frage hin, woran sich Sozialpädagogen bei der Lösung anstehender Probleme in ihrer alltäglichen Arbeit orientieren können, läßt sich auf allgemeiner Ebene betrachtet zunächst feststellen (eine Aussage, die für alle in der Sozialen Arbeit vertretenen Berufsgruppen mehr oder weniger stark ausgeprägt zutrifft), daß sie fachlich-inhaltliche, didaktisch-methodische sowie Kompetenzen im sozialen und kommunikativen Bereich nachweisen sollten.

Eine profunde theoretische Ausbildung, praktische Arbeitserfahrungen, die Reflexion alltäglicher Berufspraxis wie auch Erkenntnisse aus Fort- und Weiterbildungen, der Austausch mit Kollegen, Teamsitzungen und Supervision können als weitere Quellen für das Entwickeln von Orientierungen angesehen werden, die, sollen sie konkrete Hilfestellungen für anstehende Fragen und Probleme darstellen, jedoch inhaltlich differenziert ausgeführt werden müßten.

Wenn der Grundannahme zugestimmt wird, daß im Mittelpunkt jedweden (sozial)-pädagogischen Handelns der Begriff *Lernen* steht, so kommt der *Didaktik* als Teilbereich der Pädagogik, unter dem die planmäßige, zielgerichtete Gestaltung von Lernprozessen (Analyse und Planung) verstanden werden kann, die auf die Begründung, Kritik und Verbesserung sozialpädagogischer Praxis abzielen, besondere Bedeutung zu.

Didaktische Überlegungen dienen demnach zum einen der Unterstützung von gezielten Lernprozessen, zum anderen als „Methode" der (selbst-)kritischen Reflexion sozialpädagogischen Handelns (*didaktischer Aspekt*).

Im Rahmen der Entwicklung erster Orientierungshilfen für in sozialpädagogischen Arbeitsbereichen auftretende Probleme besteht, auf allgemeiner Ebene betrachtet, zunächst die vordringliche Aufgabe darin, bereits vorhandenes Wissen, berufliche Erfahrungen wie auch Erkenntnisse aus Gesprächen mit Kollegen für das Ausarbeiten von Lösungswegen einzusetzen (*fachlich-inhaltlicher Aspekt*).

Grundkenntnisse im Anwenden wissenschaftlicher Arbeitstechniken können in diesem Zusammenhang hilfreich sein, sich Standard- bzw. Grundlagen-Literatur zugänglich zu machen, so daß über den Weg einer Sekundäranalyse theoretischer Texte bzw. der Lektüre und Reflexion schriftlich fixierter berufspraktischer Erfahrungen „neue" Erkenntnisse gewonnen werden können (*wissenschaftlicher Aspekt*).

Werden wissenschaftliche Kriterien für die Entwicklung von Lösungsmöglichkeiten angewendet, gleichzeitig grundlegende didaktische Überlegungen einbezogen, so kann aus einer oftmals gefühlsmäßig bestimmten „Pädagogik aus dem Bauche heraus" auch für den außenstehenden Betrachter nachvollziehbares, zielgerichtetes, geplantes, begründetes, sich wissenschaftlicher Analyseinstrumente (z.B. didaktische Analyse, Bedingungsanalyse) bedienendes, nicht ausschließlich auf subjektiven Wahrnehmungen aufbauendes (sozial-)pädagogisches Handeln entwickelt werden.

3.2. Grundformen sozialpädagogischen Handelns

Wenn GIESECKE (1996) von den Grundformen pädagogischen Handelns spricht, unter denen er Unterrichten, Informieren, Beraten, Arrangieren und Animieren verstanden wissen will (vgl. GIESECKE 1996[5], 76 ff.), pädagogische Handlungsformen also, die *Lernen* ermöglichen sollen, so kann bei den pädagogisch Tätigen weder die bloße Kenntnis dieser Begriffe zugrunde gelegt werden noch die Einsicht in den besonderen Stellenwert hinsichtlich der Bestimmung von deren Bedeutungsinhalten und -dimensionen für die unterschiedlichen Arbeitsbereiche Sozialer Arbeit.

Mit dem Begriff Grundformen wird das „Wie" pädagogischen Handelns beschrieben. In der Sozialen Arbeit, folgt man den Überlegungen von SCHILLING (1995), sei die Bezeichnung Methoden (das „Wie") eindeutig belegt mit den sogenannten klassischen Methoden Einzelhilfe, Gruppenarbeit und Gemeinwesenarbeit (vgl. SCHILLING 1995[2], 74 f.).

In diesem Zusammenhang seien die kritischen Äußerungen von BUCHKA (1994) angeführt, der Bedenken gegenüber einer ausschließlich erfolgenden Fixierung innerhalb der Diskussion um Methoden der Sozialen Arbeit auf die klassischen Methoden Einzelhilfe, Gruppenarbeit, Gemeinwesenarbeit äußert.

Wird, so BUCHKA (1994), „sozialpädagogisches Handeln verkürzt als methodische Vorgehensweise angesprochen, ohne daß didaktische Grundfragen mit überlegt werden, stößt man sehr oft auf die sehr einseitige Ansicht, daß sozialpädagogisches Handeln hauptsächlich durch die drei sogenannten 'klassischen Methoden' sozialer Arbeit abgedeckt wird" (BUCHKA 1994 c, 199).

Auch SCHILLING (1995) bekräftigt seine Kritik an der einseitigen Ausrichtung innerhalb der Diskussion um Methoden der Sozialen Arbeit auf die drei klassischen Methoden, indem er die Frage aufwirft, wenn „die klassischen Methoden den Begriff Methode okkupiert haben, muß man sich fragen, wie man z.B. Rollenspiel, Planspiel, Podiumsgespräch, Interview, Bildkollage etc. bezeichnet. Muß man für diese methodischen Vorgehensweisen einen anderen Begriff prägen?" (SCHILLING 1995[2], 74).

Auch nach Meinung von MARTIN (1997) scheint es inzwischen „angemessener, im Hinblick auf die Methoden (der Sozialen Arbeit, Zusatz d. Verf.) von *didaktischer Arbeit* zu sprechen. Denn alle sozialpädagogischen Berufe können sich als 'Lernhelfer' verstehen" (MARTIN 1997[4], 21).

Im folgenden sei auf die Klassifizierung ausgewählter Grundformen sozialpädagogischen Handelns nach BUCHKA (1994) verwiesen, nach dessen Meinung sich sozialpädagogisches Handeln „als pädagogisches auf die Entwicklung und Förderung der Selbsthilfetätigkeit und Verantwortungsfähigkeit seiner Adressaten auf dem Weg zur Mündigkeit" (BUCHKA 1994 c, 209) richte.

Im einzelnen nennt er folgende Grundformen sozialpädagogischen Handelns, wobei Parallelen zu den von GIESECKE vorgeschlagenen Begrifflichkeiten deutlich werden:

- Lehren (auch Unterrichten, Bilden, Informieren) im Aufgabenfeld sozialpädagogischer Bildungsarbeit
- Animieren (auch Initiieren, Begleiten, Anregen) im Rahmen freizeitpädagogischer und freizeitkultureller Bildungs-

arbeit mit den Zielen der Entwicklung von Kreativität, Selbsttätigkeit und Selbstbestimmung in freier Kommunikation (vgl. BUCHKA 1994 c, 210)
- Fördern (auch Erziehen, Anleiten) im Aufgabenbereich Öffentlicher Erziehung in Institutionen der Jugendhilfe und Behindertenhilfe
- Beraten (auch Helfen, Wegweisen, Therapieren) im Aufgabenfeld Lebenshilfe mit Unterstützungsangeboten zur Entwickeln von Strategien der Bewältigung des Lebensalltags

In diesem Zusammenhang führt MARTIN (1997) zur Beschreibung gezielten pädagogischen Handelns das sogenannte „Verlaufsmodell der didaktischen Arbeit" ein, mit dessen Hilfe er die vier Hauptaufgaben Analysieren, Planen, Handeln und Auswerten/Reflektieren mit den in diesem Kontext relevanten Tätigkeiten des Beschreibens, Erklärens, Entscheidens, Vorbereitens und Kontrollierens zu kennzeichnen sucht (vgl. MARTIN 1997[4], 64).

Zum wiederholten Male wird die besondere Bedeutung deutlich, die einer *Didaktik der Sozialpädagogik* zugeschrieben werden kann, denn „Zielüberlegungen stehen vor Methodenauswahl" (SCHILLING 1995[2], 76).

Während viele in der Sozialen Arbeit professionell Tätigen kaum Überlegungen zu ihren Zielen (damit wird das „Wohin", das „Was" und das „Warum" angesprochen) anstellten, sei die Frage nach dem Einsatz von Methoden vordringlich (das „Wie").

Demgegenüber könne der „Didaktik als Versatzwissenschaft zwischen Theorie und Praxis" (SCHILLING 1995[2], 76) die Aufgabe zugeschrieben werden, Ziele, Inhalte, Methoden und Medien in eine der jeweiligen Problemstellung angemessene Beziehung zueinander zu setzen, wobei unterschiedliche Wege gegangen werden könnten: zu Beginn könnte, aber nicht zwangsweise, die Formulierung von Zielen stehen (das „Wohin", das „Was" und das „Warum"); auch wäre es denkbar mit methodischen Überlegungen, inhaltlichen Schwerpunkten oder dem Einsatz von Medien zu beginnen, wobei jedoch die Zielfrage nicht außer acht gelassen werden dürfe.

Andere soziale Handlungsformen außerhalb des (sozial-)pädagogischen Handelns, und mit diesem Begriff verbindet GIESECKE (2000) das politische, ökonomische, administrative und medizinische Handeln, würden ebenso wie das pädagogische Handeln „zur partikularen Sicht des Menschen und seiner Verhältnisse (... führen, Auslassungen und Zusatz durch d. Verf.) - das 'Ganze' kann man nur insofern denken und sich vorstellen, als man nicht handeln muß - dann folgt daraus die Notwendigkeit, die jeweilige Sicht der Dinge nicht zu überschätzen, sondern ihre Relativierung zuzulassen" (GIESECKE 2000[7], 32; Auslassungen durch d. Verf.).

Folglich könne es keinen Pädagogen geben, „der nur pädagogisch handelt. Er muß vielmehr je nach Sachlage und Situation auch andere soziale Handlungsformen beherrschen. (...) Wenn der Pädagoge vielmehr eine ganze Reihe von sozialen Handlungsformen in seinem Repertoire haben muß, dann erhält er auch die Chance, 'den pädagogischen Blick', die damit notwendigerweise gegebene Reduktion und Begrenzung der Wirklichkeitswahrnehmung zu relativieren. Er wird gleichsam zu ständigem Perspektivenwandel gezwungen. (...) Das eigentliche *pädagogische* Handeln und Denken wird nicht verunreinigt durch die Notwendigkeit, auch andere Formen sozialen Handelns anzuwenden, sondern eher realitätsgerechter" (GIESECKE 2000[7], 39; Auslassungen durch d. Verf.).

3.3. Didaktische Überlegungen als Grundlage für die Entwicklung von Orientierungsmustern

Die Aufgabenbereiche von sozialpädagogisch tätigen, professionell ausgebildeten Mitarbeitern sind so vielfältig wie die Probleme, Nöte und Anliegen ihrer Klientel (vgl. LENZEN 1999, 71 f.; vgl. auch RAUSCHENBACH 1997[3], 257 ff.).

Neben einem möglichst hoch ausgeprägten Maß an Flexibilität hinsichtlich täglicher beruflicher Anforderungen werden an Sozialpädagogen Erwartungen aus einer Vielzahl und Vielfalt von Aufgaben- und Tätigkeitsbereichen formuliert.

Als „kleinsten gemeinsamen Nenner" aller sozialpädagogischen Bemühungen nennt RAUSCHENBACH (1997) neben planenden und administrativen Tätigkeiten vor allem den „direkten unterstützenden Kontakt vor Ort mit der betreffenden Person oder Personengruppe (...), das intensive Gespräch und oft auch das gemeinsame, zumindest aufeinander bezogene Handeln - auch wenn das Ziel aller Sozialen Arbeit immer die 'Hilfe zur Selbsthilfe' sein soll" (RAUSCHENBACH 1997[3], 258; Auslassungen durch d. Verf.).

Da sich die sozialpädagogische Berufstätigkeit im engsten Sinne an den tatsächlich vorhandenen Problemen der sozialen Wirklichkeit orientiert, lassen sich aus unterschiedlichen Bereichen Anforderungen hinsichtlich als charakteristisch zu bezeichnende Kompetenzen formulieren, unter denen LENZEN (1999) in Anlehnung an die Ausführungen von GIESECKE folgende Aspekte verstanden wissen will:

- *politische Kompetenzen* in dem Sinne, daß Sozialpädagogen in ihrer alltäglichen Arbeit „Macht" und „Gewalt" zum Errichten bzw. Aufrechterhalten sozialer Ordnungen in ihren Institutionen thematisieren können

- *juristische Kompetenzen* in dem Sinne, daß Sozialpädagogen Gesetzes- und Rechtsregelungen kennen sollten und diese im Sinne der Interessen ihrer Klienten einsetzen können

- *administrative Kompetenzen* in dem Sinne, daß Sozialpädagogen allgemeine Normen, Verfahrensweisen und administrative Rechtsregelungen auf den Einzelfall bezogen anwenden können, so „daß die rechtlich notwendige Tendenz zur Gleichheit sich nicht zu Lasten ihrer Klienten auswirkt" (LENZEN 1999, 72)
- *medizinische Kompetenzen* in dem Sinne, daß Sozialpädagogen hinsichtlich unterschiedlicher Aufgabenbereiche wie z.B. Suchtprävention und -intervention, Rehabilitation, Gesundheitserziehung über ein (sozial-)medizinisches Grundwissen verfügen sollten
- *ökonomische Kompetenzen* in dem Sinne, daß Sozialpädagogen angesichts immer knapper werdender finanzieller Ressourcen die notwendigerweise in möglichst hohem Maß auszuprägende Effektivität und Effizienz Sozialer Arbeit thematisieren können
- *pädagogische Kompetenzen* in dem Sinne, daß Sozialpädagogen sich aufgrund von Ausbildung und beruflicher Weiterqualifizierung in der Lage sehen, den vielfältigen Anforderungen von Erziehen, Lehren, Fördern, Beraten, Begleiten, Planen, Koordinieren, Schlichten, Leiten, Verwalten, Evaluieren und Innovieren entsprechen zu können (vgl. LENZEN 1999, 72; vgl. auch GIESECKE 2000^7, 35 ff.).

Wenn also, wie im vorliegenden Aufsatz postuliert, von *Lernen* als einer „Grundeinheit pädagogischer Bemühungen" (GERSPACH 2000, 190) ausgegangen werden kann, so stehen zumindest einem didaktisch ausgebildeten Sozialpädagogen bei der Entwicklung von Lösungsstrategien für im beruflichen Alltag entstehende Probleme und Fragen neben der breiten Kenntnis unterschiedlicher Wissensgebiete und u.U. langjährigen Berufserfahrungen aus Feldern Sozialer Arbeit (*fachlich-inhaltlicher Aspekt*), neben der (selbstkritischen) Reflexion von in der alltäglichen Berufspraxis erforderlichen Eigenschaften und Kompetenzen wie beispielsweise eines hoch ausgeprägten Maßes an Flexibilität in Denken und Handeln, des Entwickelns eines ausgewogenen Verhältnisses von Nähe und Distanz zu Klienten, der Bereitschaft und Fähigkeit zur Übernahme von Verantwortung (*Aspekte von Reflexion/Selbstreflexion* und *Selbsterfahrung*), neben dem Erlernen und Vertiefen von Grundlagen, neben dem Anwenden von Grundtechniken wissenschaftlichen Arbeitens (*wissenschaftlicher Aspekt*) vor allem umfassende Kenntnisse aus dem „Verlaufsmodell der didaktischen Arbeit" (MARTIN 1997^4, 60 ff.) zur Verfügung (*didaktisch-methodischer Aspekt*).

In der erforderlichen Kürze seien an dieser Stelle vier bedeutsame Denk- und Handlungsschritte des „Verlaufsmodelles der didaktischen Arbeit", auch als „didaktische Reflexion" (MARTIN 1997^4, 60) bezeichnet, benannt:

(1) *Analysieren* (mit den Teilschritten Beschreiben und Erklären):
Beschreiben
- Analyse der Ausgangssituation/Situationsanalyse mit Beobachten, Protokollieren, Beschreiben von Verhaltensweisen Einzelner oder Gruppen sowie Situationen
- Sammeln von Daten und Informationen über die Zielgruppe und einzelne Gruppenmitglieder
- Beschreiben des Spielraums für sozialpädagogische Arbeit

Erklären
- Erklären der beobachteten Daten und Informationen durch Einordnen, Vergleichen, Deuten, Interpretieren
- Einschätzen realisierbarer Veränderungen und Entwicklungen

(2) *Planen* (mit den Teilschritten Entscheiden und Vorbereiten)
Entscheiden
- Entscheiden über/Bestimmen von Lehrziele(n), Erziehungsziele(n), inhaltlichen Schwerpunkten, Themen- und Fragestellungen, Methoden, Medien, Gestaltung der organisatorischen, zeitlichen und räumlichen Rahmenbedingungen

Vorbereiten
- Informieren/Öffentlichkeitsarbeit (Werben)
- Gestalten der Rahmenbedingungen
- Beschaffen von Medien und Materialien

- u.U. (abhängig von Vorerfahrungen des jeweiligen Sozialpädagogen) Ausprobieren, Besuchen von Fort- und Weiterbildungen

(3) *Handeln* (praktisches Handeln als konkretes Umsetzen der didaktischen Planung)
- sozialpädagogisch ausgerichtetes Handeln mit Einzelnen, Teilgruppen, Gruppen, mit Eltern, Angehörigen und anderen Gruppen und Institutionen

(4) *Auswerten/Reflektieren*
- Reflexion der Voraussetzungen und Rahmenbedingungen, der getroffenen Entscheidungen, der konkreten Vorbereitungen, des praktischen Verlaufes, der Konsequenzen für neue Planungen
- die Erkenntnisse aus der Auswertung können wiederum den Ausgangspunkt für neue Situationsanalysen darstellen

Das bewußte Reflektieren des Regelkreises von Situationsanalyse, Planung, Durchführung und Auswertung/Reflexion kann dem Sozialpädagogen auf vielfältigen Ebenen Möglichkeiten eröffnen, die praktische sozialpädagogische Arbeit zu verbessern und weiterzuentwickeln (vgl. MARTIN 1997[4], 60 ff.).

4. Zusammenfassung und Einordnung der Ergebnisse

Im folgenden sollen die wesentlichen Erkenntnisse im Zuge der Bearbeitung der übergeordneten Frage, welche Orientierungshilfen einem Sozialpädagogen für Fragen und Probleme des beruflichen Alltagshandelns zur Verfügung stehen, zusammengefaßt werden.

Die an Sozialpädagogen in ihrem beruflichen Alltag gerichteten Anforderungen stellen sich in inhaltlich-fachlicher Hinsicht als so vielfältig und unterschiedlich dar, daß weder eine Verallgemeinerung noch eine Vereinheitlichung sozialpädagogischer Orientierungsmuster möglich erscheint.

In einem ersten Denkschritt führt die Betrachtung möglicher Entwicklungslinien von Orientierungsmustern zu der auf einer allgemeingültigen Ebene anzusiedelnden Aussage, daß zur Lösung in der Berufspraxis anstehender Fragen und Probleme fachlich-inhaltliche, didaktisch-methodische sowie Kompetenzen im sozialen und kommunikativen Bereich notwendig sind.

Neben während Studium und Ausbildung bzw. Fort- und Weiterbildung erworbenen theoretischen (Fach-)Kenntnissen, neben praktischen Arbeitserfahrungen im Berufsfeld und der sich anschließenden (selbst-)kritischen Reflexion, neben dem fachlichen Austausch mit Kollegen in Team- und Supervisionssitzungen, neben ausgeprägten methodischen Kompetenzen kommt vor allem einer grundständigen wissenschaftlichen Ausbildung, dem sich fortentwickelnden Ausprägen didaktisch-methodischer Fähigkeiten und dem kontinuierlich erfolgenden Erarbeiten didaktischen Grundwissens zentrale Bedeutung zu.

Sozialpädagogische Arbeit orientiert sich hinsichtlich inhaltlicher Ausrichtung und methodischer Gestaltung vornehmlich an den in der sozialen Wirklichkeit vorfindlichen Problemen; von daher lassen sich als charakteristisch zu bezeichnende Verantwortungsbereiche formulieren, die auf der Grundlage von politischen, juristischen, administrativen, medizinischen, ökonomischen und im eigentlichen Sinne pädagogischen Kompetenzen auszufüllen sind.

In einem zweiten Denkschritt wird zumindest ansatzweise die Bedeutung der Grundformen sozialpädagogischen Handelns für das Entwickeln und Ausprägen von Orientierungsmustern deutlich:

Als wesentliche Grundformen sozialpädagogischen Handelns werden in der einschlägigen Literatur vor allem die Begrifflichkeiten Lehren, Animieren, Fördern und Beraten genannt, Grundformen, mit deren Hilfe das „Wie" pädagogischen Handelns umschrieben wird.

Das „Wie" sozialpädagogischen Handelns steht für methodischen Entscheidungen, der Begriff *Didaktik* jedoch stellt mit den Grundsatzentscheidungen des „Wohin", des „Was" und des „Warum" in der Verbindung mit dem „Wie" den übergeordneten Kontext dar, in dessen Rahmen die herausragende Bedeutung von *Lernen* als inhaltlicher Schwerpunkt sozialpädagogischer Tätigkeiten begründet wird.

Wird von der Berechtigung der Annahmen ausgegangen, daß zum einen *Lernen* einen zentralen Begriff (sozial-)pädagogischen Denkens und Handelns ausmacht, daß zum anderen eine der bedeutsamen Aufgaben sozialpädagogisch ausgerichteter Arbeit in der zielgerichteten Gestaltung von Lernprozessen (Analyse, Planung) besteht, die wiederum auf die Begründung, Kritik, Reflexion und letztendlich der Verbesserung und Weiterentwicklung der sozialpädagogischen Praxis abzielt, so kommen vor allem den Kenntnissen von Grundlagen und dem Beherrschen von Grundtechniken *Wissenschaftlichen Arbeitens* wie auch der Entwicklung und bewußt vorgenommenen Anwendung didaktischer Grundsatzüberlegungen besondere Bedeutung zu.

Die didaktische Reflexion mit ihren aufeinander aufbauenden, einen Kreislauf darstellenden Teilschritten Analysieren, Planen, Handeln und Auswerten/Reflektieren ermöglicht Sozialpädagogen in der Alltagspraxis Sozialer Arbeit auf unterschiedlichen Ebenen die Verbesserung und Weiterentwicklung ihrer praktischen Arbeit vor Ort.

Auf der Grundlage der (selbst-)kritischen Anwendung und Reflexion didaktischer Grundsatzüberlegungen verläßt der Sozialpädagoge die Ebene der „Pädagogik aus dem Bauche heraus" und bewegt sich hin auf die Ebene der Entwicklung von Orientierungsmustern, die sich hinsichtlich vorab formulierter Zielsetzungen nachvollziehbar, zielgerichtet, geplant, begründet und begründbar erweisen, die sich nicht ausschließlich auf subjektiven Wahrnehmungen und daraus resultierenden Interpretationen und Schlußfolgerungen stützen, sondern sich als auf wissenschaftlichen Methoden und Erkenntnissen aufbauend auszeichnen, die zudem einer ständig erfolgenden inhaltlichen und methodischen Überprüfung unterliegen.

In einem dritten Denkschritt gilt es die als Instrumentarium, als „Handwerkszeug" zu bezeichnenden didaktisch-methodischen Überlegungen (das „Wie" und das „Warum") mit inhaltlich bestimmten Zielen sozialpädagogischen Handelns (das „Wohin" und das „Was") in Verbindung zu bringen.

Literaturverzeichnis

BADELT, Chr. 1997: Sozialmanagement - Ein kontroverses Konzept zur Integration von wirtschaftlichem und sozialem Denken? In: Soziale Arbeit (46) 1997, 10/11, 326-337.

BADRY, E. 1994: Grundlagen und Grundfragen des Pädagogischen. In: BADRY, E./BUCHKA, M./KNAPP, R. (Hg.), Pädagogik. Grundlagen und Arbeitsfelder. Neuwied, Kriftel, Berlin 1994², 29-86.

BADRY, E./BUCHKA, M./KNAPP, R. (Hg.) 1994²: Pädagogik. Grundlagen und Arbeitsfelder. Neuwied, Kriftel, Berlin.

BAUER, K.-O. 1997: Professionelles Handeln in pädagogischen Feldern. Ein Übungsbuch für Pädagogen, Andragogen und Bildungsmanager. Weinheim, München.

BECKER, H. 2001: Grundsätze und Prinzipien der Sozialwirtschaft. Arbeitspapier Berufsakademie Villingen-Schwenningen, Studiengang Sozialwirtschaft. VS-Schwenningen (hektogr. Manuskript).

BREZINKA, W. 1981⁴: Grundbegriffe der Erziehungswissenschaft. Analyse, Kritik, Vorschläge. München, Basel.

BUCHKA, M. 1994 a: Beruf: Sozialpädagoge. In: BADRY, E./BUCHKA, M./KNAPP, R. (Hg.), Pädagogik. Grundlagen und Arbeitsfelder. Neuwied, Kriftel, Berlin 1994², 161-166.

BUCHKA, M. 1994 b: Grundlagen sozialpädagogischen Handelns. In: BADRY, E./BUCHKA, M./KNAPP, R. (Hg.), Pädagogik. Grundlagen und Arbeitsfelder. Neuwied, Kriftel, Berlin 1994², 189-197.

BUCHKA, M. 1994 c: Grundformen sozialpädagogischen Handelns. In: BADRY, E./BUCHKA, M./KNAPP, R. (Hg.), Pädagogik. Grundlagen und Arbeitsfelder. Neuwied, Kriftel, Berlin 1994², 199-233.

Deutscher Verein für öffentliche und private Fürsorge (Hg.) 1997⁴: Fachlexikon der Sozialen Arbeit. Frankfurt/Main.

DEWE, B./FERCHHOFF, W./RADTKE, F.-O. (Hg.) 1992: Erziehen als Profession. Zur Logik professionellen Denkens in pädagogischen Feldern. Opladen.

ENGELKE, E. 1993²: Soziale Arbeit als Wissenschaft. Eine Orientierung. Freiburg/Brsg.

ERLER, M. 1993: Soziale Arbeit. Ein Lehr- und Arbeitsbuch zu Geschichte, Aufgaben und Theorie. Weinheim, München.

EYFERTH, H./OTTO, H.-U./THIERSCH, H. (Hg.) 1984: Handbuch zur Sozialarbeit/Sozialpädagogik. Neuwied.

FINIS-SIEGLER, B. 1997: Ökonomik Sozialer Arbeit. Freiburg/Brsg.

GALUSKE, M. 1998: Methoden der Sozialen Arbeit. Eine Einführung. Weinheim, München.

GERSPACH, M. 2000: Einführung in pädagogisches Denken und Handeln. Stuttgart, Berlin, Köln.

GIESECKE, H. 1990: Einführung in die Pädagogik. München.

GIESECKE, H. 1996[5]: Pädagogik als Beruf. Grundformen pädagogischen Handelns. Weinheim, München.

GIESECKE, H. 2000[7]: Pädagogik als Beruf. Grundformen pädagogischen Handelns. Weinheim, München.

GORGES, R. 1996: Didaktik. Eine Einführung für soziale Berufe. Freiburg/Brsg.

HEID, H. 1997: Erziehung. In: LENZEN, D. (Hrsg.), Erziehungswissenschaft. Ein Grundkurs. Reinbek bei Hamburg 1997[3], 43-68.

HOBMAIR, H. (Hrsg.) 1996[2]: Pädagogik. Köln.

KARSTEN, M.-E. 1995: Soziale Berufe: Professionalisierungsprozesse und Berufs(aus)bildungsstruktur. Aspekte einer Bilanz. In: THIERSCH, H./GRUNWALD, K. (Hg.), Zeitdiagnose Soziale Arbeit. Zur wissenschaftlichen Leistungsfähigkeit der Sozialpädagogik in Theorie und Ausbildung. Weinheim, München 1995, 93-118.

KLAFKI, W. 1985: Neue Studien zur Bildungstheorie und Didaktik. Beiträge zur kritisch-konstruktiven Didaktik. Weinheim, Basel.

KLINGBERG, L. 1972: Einführung in die allgemeine Didaktik. Berlin.

KNAPP, R. 1994: Konstitutive Momente pädagogischer Situationen. In: BADRY, E./BUCHKA, M./KNAPP, R. (Hg.), Pädagogik. Grundlagen und Arbeitsfelder. Neuwied, Kriftel, Berlin 1994[2], 87-116.

KREFT, D./MIELENZ, I. (Hg.) 1988[3]: Wörterbuch Soziale Arbeit. Aufgaben, Praxisfelder, Begriffe und Methoden der Sozialarbeit/Sozialpädagogik. Weinheim, Basel.

KRON, F.W. 1994[2] a: Grundwissen Didaktik. München, Basel.

KRON, F.W. 1994[4] b: Grundwissen Pädagogik. München, Basel.

LANGEWAND, A. 1997: Bildung. In: LENZEN, D. (Hrsg.), Erziehungswissenschaft. Ein Grundkurs. Reinbek bei Hamburg 1997[3], 69-98.

LENZEN, D. 1999: Orientierung Erziehungswissenschaft. Was sie kann, was sie will. Reinbek bei Hamburg.

MARTIN, E. 1997[4]: Didaktik der sozialpädagogischen Arbeit. Eine Einführung in die Probleme und Möglichkeiten. Weinheim, München.

MÜLLER, B. 1997[3]: Sozialpädagogisches Können. Ein Lehrbuch zur multiperspektivischen Fallarbeit. Freiburg/Brsg.

MÜHLUM, A. 1996[2]: Sozialarbeit und Sozialpädagogik. Ein Vergleich. Frankfurt/Main.

NIEMEYER, C. 1999: Theorie und Praxis der Sozialpädagogik. Münster.

OTTO, H.-U./THIERSCH, H. (Hrsg.) 2001[2]: Handbuch Sozialarbeit/Sozialpädagogik. Neuwied, Kriftel.

PETERSSEN, W.H. 1989[2]: Lehrbuch Allgemeine Didaktik. München.

PFAFFENBERGER, H. 1992: Zur beruflichen und disziplinären Identität der Sozialarbeit/Sozialpädagogik. In: VAHSEN, F.G. (Hrsg.), Paradigmenwechsel in der Sozialarbeit. Bielefeld 1992, 230-242.

PFAFFENBERGER, H. 1994: Sozialpädagoge/Sozialarbeiter, Sozialpädagogin/ Sozialarbeiterin. In: ROTH, L. (Hrsg.), Pädagogik. Handbuch für Studium und Praxis. Studienausgabe. München 1994, 988-1001.

RAUSCHENBACH, T. 1997: Der Sozialpädagoge. In: LENZEN, D. (Hrsg.), Erziehungswissenschaft. Ein Grundkurs. Reinbek bei Hamburg 1997[3], 253-282.

RÖHRS, H. 1969: Forschungsmethoden in der Erziehungswissenschaft. In: Enzyklopädie der geisteswissenschaftlichen Arbeitsmethoden (7. Lieferung): Methoden der Psychologie und Pädagogik. München, Wien 1969, 305-331.

SCHILLING, J. 1995[2]: Didaktik/Methodik der Sozialpädagogik. Grundlagen und Konzepte. Neuwied, Kriftel, Berlin.

SCHRÖDER, H. 1992[2]: Grundwortschatz Erziehungswissenschaft. Ein Wörterbuch der Fachbegriffe. Von „Abbilddidaktik" bis „Zielorientierung". München.

SCHWENDTKE, A. (Hrsg.) 1995[4]: Wörterbuch der Sozialarbeit und Sozialpädagogik. Heidelberg, Wiesbaden.

SOMMER, B. 1997 a: Pädagogik in der Neurologischen Rehabilitation hirngeschädigter Kinder und Jugendlicher - Zur Notwendigkeit einer wissenschaftlichen Grundlegung. In: Unsere Jugend (49) 1997, 1, 18-21.

SOMMER, B. 1997 b: Pädagogik in der Neurologischen Rehabilitation hirngeschädigter Kinder und Jugendlicher. In: STEINEBACH, C. (Hrsg.), Heilpädagogik für chronisch kranke Kinder und Jugendliche. Freiburg/Brsg. 1997, 175-186.

SOMMER, B. 1998 a: Pädagogik und Neurologische Rehabilitation hirngeschädigter Kinder, Jugendlicher und junger Erwachsener - Versuch einer Standortbestimmung. Schriftenreihe Jugendwerk - Beiträge zur Neurologischen Rehabilitation von Kindern, Jugendlichen und jungen Erwachsenen Bd. 5. Gailingen.

SOMMER, B. 1998 b: Zur Konzeption eines Einführungsseminars Gewalt gegen Kinder/Kindesmißhandlung. Didaktische Überlegungen zur Seminarplanung an der Berufsakademie Villingen-Schwenningen, Fachbereich Sozialwesen. In: Unsere Jugend (50) 1998, 9, 414-420.

SOMMER, B. 1999: Pädagogik und Neurologische Rehabilitation hirngeschädigter Kinder, Jugendlicher und junger Erwachsener. Standortbestimmung und Perspektiven einer wissenschaftlichen Grundlegung. Egelsbach, Frankfurt/ Main, München, New York.

SOMMER, B. 2000: Gewalt gegen Kinder/ Kindesmißhandlung. Didaktische Überlegungen zu Konzeption, Durchführung und Auswertung von Einführungsseminaren für Studenten der Sozialpädagogik. Egelsbach, Frankfurt/Main, München, New York.

STADLER, H. 1996: Pädagogische Aufgaben in der Rehabilitation Hirngeschädigter. In: Rehabilitation (35) 1996, 109-116.

THIESEN, P. 1991: Sozialpädagogik lehren. Kleines Kompendium des Unterrichtens an Ausbildungsstätten für Sozialpädagogik/Sozialarbeit. Weinheim, Basel.

WAGNER, H.-J. 1998: Eine Theorie pädagogischer Professionalität. Weinheim.

WEINSCHENK, R. 1976: Didaktik und Methodik für Sozialpädagogen. Bad Heilbrunn.

WENDT, W.R. 1985 a: Als Sozialarbeiter ökonomisch denken und handeln?: Beiträge der Wirtschaftswissenschaft. In: WENDT, W.R. (Hrsg.), Studium und Praxis der Sozialarbeit. Beiträge zur Ausbildung und zu den Arbeitsfeldern. Stuttgart 1985, 42-61.

WENDT, W.R. 1985 b: Ethik für Sozialpädagogen. In: WENDT, W.R. (Hrsg.), Studium und Praxis der Sozialarbeit. Beiträge zur Ausbildung und zu den Arbeitsfeldern. Stuttgart 1985, 113-121.

Im nachfolgend als **Exkurs 2** bezeichneten Aufsatz werden die wesentlichen Aussagen eines Arbeitspapiers dargestellt, das SOMMER im Jahre 2003 im Rahmen der Erarbeitung wissenschaftlicher Standards an der Berufsakademie Villingen-Schwenningen, Fachbereich Sozialwirtschaft, erstellt hat (vgl. SOMMER 2003).

Schriftliche wissenschaftliche Arbeiten

-

Eine Einführung in Grundgedanken und Grundlagen
Wissenschaftlicher(n) Arbeiten(s)

Vorwort

Mit der vorliegenden Schrift sollen Ihnen, den Studierenden unterschiedlicher Fachrichtungen an (Fach-)Hochschulen, Berufsakademien und Fachschulen, Orientierungshilfe und Unterstützung sowie Hinweise zur formalen wie inhaltlichen Gestaltung schriftlicher wissenschaftlicher Arbeiten gegeben werden.

Gleichzeitig kann diese Schrift als gedankliche Grundlage einer notwendig erscheinenden Diskussion um Vereinheitlichung und damit Vergleichbarkeit in der Bewertung schriftlicher Arbeiten in unterschiedlichen Zusammenhängen (Hausarbeit, Seminararbeit, Reflexions-/Praxisbericht, Diplomarbeit) dienen.

Es werden formale Vorgaben angesprochen, die je nach Hochschule bzw. Ausbildungseinrichtung verschiedenartig gestaltet sein können. Es werden aber auch Fragen hinsichtlich der systematischen Planung, Ausarbeitung und Reflexion inhaltlicher Aspekte von schriftlichen wissenschaftlichen Arbeiten thematisiert.

Dieses Vorhaben kann aufgrund der erforderlichen Kürze lediglich einen ersten Schritt hin in Richtung auf die Institutionalisierung *Wissenschaftlichen Arbeitens* an (Fach-)Hochschulen und Ausbildungseinrichtungen darstellen.

Da grundsätzlich auf die wissenschaftliche Ausbildung von Studierenden an Hochschulen und Ausbildungseinrichtungen unterschiedlicher Ausrichtung relativ wenig Wert gelegt wird, kommt dieser Schrift eine doppelte Bedeutung zu:

Zum einen werden konkrete Planungs- und Gestaltungshinweise für die Ausarbeitung schriftlicher Arbeiten gegeben, zum anderen wird über den Versuch einer Festschreibung formal wie inhaltlich relevanter Aspekte die Bedeutung *Wissenschaftlichen Arbeitens* für Studium, Prüfungs- und Abschlußarbeiten sowie spätere Berufstätigkeit herausgehoben.

Sie, die Studierenden und Lesenden, werden im folgenden direkt angesprochen, es wird also nicht der „Umweg" über eine formal-wissenschaftlich gestaltete, unpersönlich gehaltene Sprache gewählt.

Zudem werden Auszüge von Arbeitsblättern, die Ihnen von der Konzeption der Lehrveranstaltung *Einführung in das Wissenschaftliche Arbeiten* bekannt sein dürften (vgl. Kap. 2, 3 und 4 der vorliegenden Schrift), dem Sinn entsprechend wiedergegeben.

Mit Hilfe dieser Materialien werden Sie in der Lage sein, die einzelnen Schritte im Rahmen des Planens, Ausarbeitens und des selbstkritischen Reflektierens von *Wissenschaftlichem/n Arbeiten* selbständig nachvollziehen und anwenden zu können.

Ich hoffe, die folgenden Ausführungen können einen Beitrag dazu leisten, daß der „Berg" von Anforderungen, der zwangsläufig vor Ihnen liegt, Ihnen zumindest in dem Bereich von schriftlichen wissenschaftlichen Arbeiten ein wenig kleiner vorkommt.

Je öfter Sie die Gelegenheit nutzen, „kleinere" Arbeiten (Haus- und Seminararbeiten) zu verfassen, desto leichter wird Ihnen in der Regel die Planung und Ausarbeitung der großen (Abschluß-)Arbeiten erscheinen.

Im Rahmen einer Abschlußarbeit wie beispielsweise einer wissenschaftlichen Prüfungsarbeit am Ende eines Hochschulstudiums/einer Ausbildung kann es meiner Meinung nach nicht um die Frage gehen, ob Sie „durchkommen"; Sie haben vielmehr die Gelegenheit zu zeigen, was Sie im Laufe Ihres Studiums/Ihrer Ausbildung gelernt haben.

Davon unabhängig erfolgt der Hinweis an Sie, daß Sie „offene" Fragen mit den jeweiligen Betreuern/innen Ihrer Haus-, Seminar- und Diplomarbeiten absprechen sollten.

Für Rückfragen und kritische Anmerkungen, aber auch für Rückmeldungen konstruktiver Art stehe ich Ihnen gern zur Verfügung.

Bernd Sommer

Singen/Htwl., im September 2003

Inhaltsübersicht   Seite

1. **Einleitung**   107

2. **Vorgaben für schriftliche wissenschaftliche Arbeiten**
   2.1. Formale Vorgaben   109
   2.2. Allgemeine Bestandteile von schriftlichen wissenschaft-
        lichen Arbeiten   111
   2.3. Formale Bestandteile einer wissenschaftlichen Diplom-
        arbeit   114
        2.3.1. Titelblatt   114
        2.3.2. Vorwort oder Vorbemerkung   116
        2.3.3. Inhaltsverzeichnis   116
        2.3.4. Abkürzungsverzeichnis   118
        2.3.5. Verzeichnis der Abbildungen/Tabellen   119
        2.3.6. Literaturverzeichnis   119
        2.3.7. Anhang   120
        2.3.8. Selbständigkeitserklärung   121
   2.4. Zitieren   121

3. **Kriterien von *Wissenschaftlichen(m) Arbeiten* - Arbeitsschritte in wissenschaftlichen Schreibprojekten**
   3.1. Einführung   125
   3.2. Kriterien von *Wissenschaftlichen(m) Arbeiten*   126
   3.3. Notwendige Arbeitsschritte in wissenschaftlichen Schreibprojekten   127
   3.4. Zusammenfassung und Versuch der Einordnung   132

   Literaturverzeichnis   138

   Stichwortverzeichnis   141

1. Einleitung

Sie wollen im Rahmen Ihres Studiums oder Ihrer Ausbildung Ihre erste Hausarbeit oder Seminararbeit verfassen? Sie bereiten sich auf das Abfassen Ihres Praxis-/Reflektionsberichtes vor oder sind mitten in den Vorbereitungen zu Ihrer Diplomarbeit?

Sie haben gewiß viele Fragen. Vielleicht haben Sie auch Befürchtungen, daß Sie den vor Ihnen liegenden „Berg" an Arbeit nicht bewältigen können?

Diese Schrift soll Antworten geben auf Ihre Fragen, soll Ihnen gleichzeitig Mut zusprechen, die sich immer wiederholenden Schritte im Rahmen des Prozesses Planen, Ausarbeiten und Abfassen schriftlicher wissenschaftlicher Schreibprojekte zu üben. Je mehr Sie geübt sind in dem Abfassen „kleinerer" Arbeiten, um so angenehmer werden Sie die „Herausforderung" Diplomarbeit/Abschlußarbeit am Ende Ihres Studiums/Ihrer Ausbildung empfinden.

Selbst wenn Sie sich erst am Beginn Ihres Studiums oder Ihrer Ausbildung befinden, so sind Sie hinsichtlich Ihrer Fähigkeiten, *wissenschaftlich* zu arbeiten, keineswegs ein „unbeschriebenes Blatt": Sie haben Ihre Schulzeit mit mündlichen und schriftlichen Prüfungen („Mittlere Reife", Fachhochschulreife, Abitur u.ä.) abgeschlossen, Sie haben Klausuren geschrieben, haben Referate gehalten, eventuell eine Facharbeit verfaßt, Sie haben im Verlaufe einer (Berufs-)Ausbildung mündliche und schriftliche Leistungen erbringen müssen, vielleicht sind Sie sogar im Rahmen eines Studiums außerhalb der jetzt von Ihnen besuchten Hochschule/Ausbildungseinrichtung erste Schritte hinsichtlich der Erarbeitung von Grundlagen *Wissenschaftlichen Arbeitens* gegangen.

Am Anfang aller Beschäftigung mit *Wissenschaftlichen(m) Arbeiten* steht eine Art „Selbsterfahrung" oder „Selbsterkundung".

Vielleicht werden Sie sich an dieser Stelle fragen: Was hat *Wissenschaftliches Arbeiten* mit „Selbsterfahrung" und „Selbsterkundung" zu tun?

Aber wenn Sie sich bewußt machen, daß Sie bis zu diesem Zeitpunkt, an dem Sie die vorliegende Schrift lesen, bereits in unterschiedlichen Zusammenhängen „wissenschaftlich" gearbeitet haben - zum Teil, ohne daß Sie es wußten -, dann werden Sie die folgenden Gedanken und Erkenntnisse als grundlegend ansehen können.

Sie haben also über viele Jahre hinweg einen eigenen Lese-, Schreib- und Arbeitsstil entwickelt, der individuell unterschiedlich und mit denen Ihrer Kolleginnen und Kollegen kaum vergleichbar ist.

Das Ziel einer i.w.S. (im weitesten Sinne) „Selbsterfahrungs-Übung" im Zusammenhang mit *Wissenschaftlichem Arbeiten* kann demnach nicht darin bestehen, daß Sie Ihren eigenen Arbeitsstil grundlegend verändern, sondern eher darin, zu überlegen, ob Sie die eine oder andere Anregung nicht in Ihren individuellen Arbeitsstil einbeziehen können und wollen.

Die Frage beispielsweise, ob Sie ein „Langsam-Lesender" oder ein „Schnell-Lesender", ein „Langsam-Verarbeitender" bzw. „Schnell-Verarbeitender" sind, ist zum einen von niemandem außer Ihnen selbst zu beantworten, zum anderen ist die Tatsache, daß Sie ein „Langsam-Lesender" sein könnten, von entscheidender Bedeutung, wenn Sie aus der Masse an für Ihr Thema relevanter Literatur eine Auswahl treffen müssen.

Wenn Sie langsam lesen und arbeiten, dann dürfen Sie sich nicht mehrere hundert Bücher und Veröffentlichungen aussuchen, die Sie im Rahmen Ihres schriftliches Projektes bearbeiten wollen. Täten Sie dies, dann wären Sie in den kommenden Monaten ausschließlich mit dem Lesen und Exzerpieren von Literatur beschäftigt, ohne daß Sie eine Zeile eigenen Textes geschrieben, geschweige denn Lehrveranstaltungen an Ihrer Hochschule/Ausbildungseinrichtung besucht hätten.

Nun aber zu den wesentlichen Fragen, die im Rahmen der vorliegenden Schrift beantwortet werden sollen:

(1) Welche formalen Vorgaben müssen Sie beachten, wenn Sie eine schriftliche wissenschaftliche Arbeit verfassen wollen ? (vgl. Kap. 2)

(2) Welche Kriterien sollten Sie möglichst erfüllen, wenn Sie *wissenschaftlich* arbeiten und die Ergebnisse dieses Prozesses in Form von schriftlichen „Produkten" in den jeweiligen Ausbildungseinrichtungen und Hochschulen einreichen wollen ?

Welche Arbeitsschritte sollten Sie sinnvollerweise durchlaufen, damit Ihre schriftliche Arbeit den Kriterien *Wissenschaftlichen Arbeitens* genügt ? (vgl. Kap. 3)

Diese Fragen sollen Sie darin unterstützen, daß Sie

- über sich selbst nachdenken;
- sich Ihren eigenen, Ihren persönlichen Lern-, Lese- und Arbeitsstil mit seinen jeweiligen Vor- und Nachteilen, mit seinen Besonderheiten bewußt machen;
- die (formalen) Vorgaben der jeweiligen Hochschule/Ausbildungseinrichtung kennen- und anwenden lernen;
- Unterstützung in Form von Vorschlägen erhalten, wie Sie Ihre Arbeit formal gestalten, inhaltlich ausrichten, wie Sie effektiv und zielgerichtet arbeiten können.

„Übung macht den Meister" - dieses Sprichwort gewinnt im Arbeitszusammenhang von *Wissenschaftlichen(m) Arbeiten* grundlegende Bedeutung: Sie dürfen von sich selbst nicht erwarten, daß Sie Ihre ersten Haus- und Seminararbeiten „einfach so" planen, ausarbeiten und abgeben können. *Wissenschaftliches Arbeiten* muß vielmehr, wie vieles andere auch, gelernt werden.

2. Vorgaben für schriftliche wissenschaftliche Arbeiten
2.1. Formale Vorgaben

Im folgenden seien zunächst einige allgemeine formale Vorgaben am Beispiel der Berufsakademie Villingen-Schwenningen genannt, die Sie, wollten Sie an dieser Ausbildungseinrichtung prüfungsrelevante schriftliche Arbeiten einreichen wollen, einhalten müssen:

- Sie beschreiben lediglich eine Seite eines Blattes, die Rückseite bleibt jeweils frei.
- Sie dürfen ausschließlich weißes Papier in DIN-A-4-Format verwenden (auch Umweltpapier), kein farbiges.
- Die folgenden Randvorgaben sind obligatorisch:
  - Abstand oberer Seitenrand zur ersten Textzeile: 4,0 cm (zur Seitenangabe: 2,5 cm)
  - Abstand unterer Seitenrand zur letzten Text- bzw. Fußnoten- oder Anmerkungszeile: 2,5 cm
  - Abstand linker Seitenrand zum ersten Textzeichen: 4,0 cm
  - Abstand rechter Seitenrand bis zum letzten Textzeichen: 1,5 cm
- Schriftliche wissenschaftliche Arbeiten werden maschinenschriftlich hergestellt (in der Regel mit einem PC).
- Der Zeilenabstand im Textteil beträgt 1,5 Zeilen, im Fußnoten- bzw. Anmerkungsteil 1 Zeile.
- Als „angemessen" werden z.B. folgende Schriftgrößen angesehen:
  - „Times New Roman" im Textteil 12-Punkt, im Fußnotentext 10-Punkt
  - „Arial" im Textteil 11-Punkt, im Fußnotentext 8-Punkt.

Um den Arbeitsgang eines sonst nachträglich vorzunehmenden Formatierens des Textes zu vermeiden, gleichzeitig einen Überblick über die bereits beschriebenen Seiten (Umfang) zu bewahren, lege ich Ihnen nahe, die formalen Vorgaben vorab an Ihrem PC einzustellen.

Sollten Sie mit einem Textverarbeitungsprogramm wie beispielsweise „Word for Windows 6.0" (und Nachfolger) oder „Windows 95" (und neueren Programmen) arbeiten, so können Sie die Schriftart wählen (z.B. „Times New Roman", „Arial"), die Schriftgröße (12er/11er Punkt), Sie können über „Einfügen" die Seitenzahlangabe festschreiben, über „Extra" die „automatische Silbentrennung" aktivieren, zudem sollten Sie einen rechts- und linksseitig bündigen Rand („Blocksatz") einrichten.

Sie können über „Format", dann „Absatz" den Zeilenabstand, über „Datei", dann „Seite einrichten" die Seitenränder in cm-Angaben festlegen, so daß Sie im weiteren Entstehungsprozeß Ihrer schriftlichen Arbeit mit den formalen Vorgaben nichts Grundsätzliches mehr zu tun haben müßten.

Weg vom Formalen, hin zum Inhaltlichen: Wenn Sie Ihre Seiten in der genannten Art beschreiben (Randvorgaben, Schriftgröße, Zeilenabstand), dann haben Sie auf einer DIN-A-4-Seite nicht die komplette Seite zum Beschreiben zur Verfügung, sondern es bleibt einiges an Platz unbeschrieben.

Wenn Sie dann noch bedenken, daß die Seitenzählung erst mit dem Kapitel 1 „Einleitung" beginnt und bereits mit Ende des Textteiles, also mit dem Ende des Schlußteiles, endet, so hat dies gravierende Auswirkungen auf die inhaltliche Gestaltung: Wenn Sie von einer Umfangvorgabe der Diplomarbeit von 60-80 Seiten ausgehen, denken Sie bei sich vielleicht, daß Sie diese Seitenzahl kaum erfüllen können.

Bitte berücksichtigen Sie andererseits aber auch die Überlegung, daß Sie keine „echten" 60-80 Seiten zur Verfügung haben, sondern über die Beachtung der formalen Vorgaben viel Raum unbeschriftet belassen müssen. Titelblatt, Vorwort, Inhaltsverzeichnis, Abkürzungs- bzw. Tabellenverzeichnis und Literaturübersicht bzw. Anhang „zählen" in der Regel nicht zu dieser Vorgabe von maximal 80 Seiten hinzu.

Sollten Sie trotzdem weiterhin Sorge haben, die vorgeschriebene Mindestseitenzahl nicht erreichen zu können, so machen Sie sich doch die Beobachtung bewußt, daß erfahrungsgemäß etwa 90% all derjenigen, die eine schriftliche wissenschaftliche Arbeit verfassen, Probleme damit haben, sich auf die angegebenen Seitenvorgaben zu beschränken, d.h. nicht mehr als 80 Seiten zu schreiben.

Die Schwierigkeit, und dies kann in der Tat verallgemeinert werden, besteht demnach nicht darin, die Seitenvorgabe zu „erfüllen", sondern eher darin, sich zu beschränken.

Das Be- und Einschränken auf das Wesentliche im wissenschaftlichen Kontext ist eine Kunst, deren Erlernen und Beherrschen Ihnen einige schlaflose Nächte und vieles an vermeidbarer Arbeit ersparen wird.

2.2. Allgemeine Bestandteile von schriftlichen wissenschaftlichen Arbeiten

Alle Formen schriftlicher wissenschaftlicher Arbeiten - für die Diplomarbeit gelten noch zusätzliche Regelungen (vgl. S. 113 ff.) - sollten je nach Anlage, inhaltlicher Ausrichtung und Schwerpunktsetzung folgende Teile umfassen:

- Titelblatt
- Inhaltsverzeichnis (oder Inhaltsübersicht oder Gliederung)
- Einleitung
- Hauptteil(e)
- Schlußteil
- Literaturverzeichnis bzw. Verzeichnis der benutzten Literatur/Verzeichnis weiterführender Literatur
- Anhang (falls vorhanden bzw. beabsichtigt)

Während eine **Seminararbeit** an der Berufsakademie Villingen-Schwenningen aus einem mündlich abzuhaltenden, 30-minütigen Referat und dessen schriftlicher Ausarbeitung mit einem Umfang von in der Regel 15 Schreibmaschinenseiten besteht, umfaßt eine **Studienarbeit** zum Erwerb eines benoteten Leistungsnachweises innerhalb einer vorgeschriebenen Frist (als Ersatz für eine Klausur) 15-20 Seiten.

Laut Ausbildungs- und Prüfungsordnung des Studiengangs Sozialwirtschaft (2001) sollen BA-Studierende im Rahmen einer **Studienarbeit** „die Fähigkeit zeigen, eine praxisbezogene Problemstellung wissenschaftlich selbständig zu bearbeiten. Sie ist spätestens zwei Monate nach Vergabe bei der staatlichen Studienakademie abzugeben. Auf begründeten Antrag kann die staatliche Studienakademie die Bearbeitungszeit ausnahmsweise um eine angemessene Frist verlängern. Der Antrag ist vor Ablauf der Bearbeitungsfrist einzureichen.

Bei Abgabe der Studienarbeit ist schriftlich zu versichern, daß die Arbeit selbständig verfaßt und keine anderen als die angegebenen Quellen und Hilfsmittel benutzt wurden" (Ausbildungs- und Prüfungsordnung Studiengang Sozialwirtschaft 2001, 15).

Hinsichtlich der Ausarbeitung eines **Reflexionsberichtes** an der Berufsakademie Villingen-Schwenningen sei an dieser Stelle nochmals die Ausbildungs- und Prüfungsordnung des Studiengangs Sozialwirtschaft (2001) zitiert, in deren Beschreibung der Gegenstand des Reflexionsberichtes als „die praktische Tätigkeit und die Erfahrungen im Arbeitsfeld (bezeichnet werden, Zusatz d. Verf.). Der Reflexionsbericht kann über die Gesamtdauer der praktischen Ausbildung in den ersten vier Studienhalbjahren geschrieben werden oder auch im Anschluß an einen Überblick über die praktischen Tätigkeiten auf die Erfahrungen in einer Praxisphase näher eingehen sowie eine selbständig durchgeführte soziale Arbeit zum Thema haben. Der Reflexionsbericht muß in jedem Fall eine Reflexion des eigenen beruflichen Handelns einschließen. Er soll in der Regel 20 bis 25 Schreibmaschinenseiten umfassen; ihm muß eine Erklärung beigefügt sein, aus der hervorgeht, daß der Reflexionsbericht selbständig verfaßt und keine anderen als die angegebenen Quellen und Hilfsmittel benutzt wurden" (Ausbildungs- und Prüfungsordnung Studiengang Sozialwirtschaft 2001, 16; Zusatz durch d. Verf.).

Mit der **Diplomarbeit** am Ende Ihres Studiums sollen Sie zeigen, daß Sie einen Gegenstand (ein Thema/eine Fragestellung) in begrenzter Zeit (in der Regel drei Monate Bearbeitungszeit) unter Anwendung wissenschaftlicher Methoden angemessen bearbeiten können.

Laut § 19 der Ausbildungs- und Prüfungsordnung der Berufsakademie werden Zweck und Inhalt der Diplomarbeit folgendermaßen beschrieben:

„(1) Die Diplomarbeit ist eine Prüfungsarbeit. Sie soll zeigen, dass die Studierenden in der Lage sind, innerhalb einer vorgegebenen Frist eine praxisbezogene Problemstellung selbständig unter Anwendung praktischer und wissenschaftlicher Erkenntnisse und Methoden zu bearbeiten.

(2) Das Thema der Diplomarbeit wird von der Studienakademie am Ende der fünften Theoriephase vergeben und in der folgenden Praxisphase erstellt.

(3) Die Bearbeitungszeit für die Diplomarbeit beträgt höchstens drei Monate. Auf begründeten Antrag kann die Studienakademie die Bearbeitungszeit ausnahmsweise um eine angemessene Frist verlängern. Der Antrag ist vor Ablauf der Bearbeitungsfrist einzureichen und von der Ausbildungsstätte mit einer Stellungnahme zu versehen.

(4) Bei der Abgabe der Diplomarbeit hat die zu prüfende Person schriftlich zu versichern, dass sie ihre Arbeit selbständig verfasst und keine anderen als die angegebenen Quellen und Hilfsmittel benutzt hat" (Ausbildungs- und Prüfungsordnung Studiengang Sozialwirtschaft 2001, 11 f.).

In Fortsetzung der Aussage, wonach alle Formen schriftlicher wissenschaftlicher Arbeiten je nach inhaltlicher Ausrichtung und Schwerpunktsetzung bestimmte Teile umfassen sollten (vgl. S. 120 f.), gelten für die Ausarbeitung einer **Diplomarbeit** an der Berufsakademie Villingen-Schwenningen folgende Regelungen:

- Titelblatt
- Vorwort oder Vorbemerkung (wenn Sie dies wollen)
- Inhaltsverzeichnis (oder Inhaltsübersicht oder Gliederung)
- Abkürzungsverzeichnis (wenn Sie dies wollen)
- Verzeichnis der Abbildungen/Tabellen (wenn Sie dies wollen)
- Einleitung
- Hauptteil(e)
- Schlußteil
- Literaturverzeichnis bzw. Verzeichnis der benutzten Literatur/Verzeichnis weiterführender Literatur
- Anhang (falls vorhanden bzw. beabsichtigt)
- Selbständigkeitserklärung

Wenn Sie diese Ausführungen mit denen zu Seminar- und Studienarbeiten vergleichen, so können Sie erkennen, daß jede schriftliche wissenschaftliche Arbeit demselben Gliederungsschema folgt, das Sie in unterschiedlichen Fächern bereits in der Schule kennengelernt haben dürften.

Dieses Schema spiegelt sich in jeder wissenschaftlichen Arbeit wider, unabhängig von Themenstellung, Umfang und formalen Vorgaben.

Diese „klassische" Einteilung besteht aus

- Einleitung
- Hauptteil(e)
- Schlußteil

Dies ist die formale Gliederung, die Sie im Rahmen Ihres Schreibprojektes je nach Themen-/Fragestellung inhaltlich zu übersetzen haben, d.h. Ihre schriftliche Arbeit wird unabhängig von der inhaltlichen Ausrichtung mindestens diese drei genannten Kapitel umfassen.

2.3. Formale Bestandteile einer wissenschaftlichen Diplomarbeit
2.3.1. Titelblatt

Unabhängig von der Tatsache, daß Sie in der Regel von der jeweiligen Hochschule/Ausbildungseinrichtung einen entsprechenden Vordruck zur Titelgestaltung erhalten, seien im folgenden die wesentlichen (formalen) Bestandteile einer wissenschaftlichen Diplomarbeit genannt:

- Thema/Titel der Diplomarbeit
- möglichst ein das Thema einschränkender Untertitel
- Zusatz „Diplomarbeit für die Prüfung zum/zur staatlich anerkannten Sozialpädagogen/in (BA)"
- Zusatz „vorgelegt bei der Berufsakademie - Staatlichen Studienakademie Villingen-Schwenningen
- Titel, Vor- und Nachname des/der betreuenden Dozenten/in
- Zusatz „vorgelegt von"
- Vor- und Nachname des/der Verfassers/in
- Geburtsdatum des/der Verfassers/in
- Geburtsort des/der Verfassers/in
- Abgabetermin oder Zusatz „eingereicht am"

Wichtig ist in diesem Zusammenhang die Anmerkung, daß die formalen Vorgaben je nach Fachbereich bzw. je nach Ausbildungseinrichtung variieren können.
Das bedeutet für Sie, daß Sie sich im Rahmen der vorliegenden Schrift einen allgemeinen Überblick über die Systematik möglicher formaler wie inhaltlicher Vorgaben verschaffen können, daß Sie andererseits aber nicht umhin kommen werden, die jeweils geltenden Fassungen/formalen Vorgaben der jeweiligen Hochschulen/Ausbildungseinrichtungen im besonderen einzusehen.

Ein Beispiel für das Titelblatt einer **Diplomarbeit**, das den genannten Kriterien folgt, könnte demnach folgendermaßen aussehen:

Psychische Gewalt gegen Kinder

-

Sozialwissenschaftliche Grundlagen und Perspektiven

Diplomarbeit für die Prüfung zur staatlich anerkannten

Diplom-Sozialpädagogin (BA)

vorgelegt bei der Berufsakademie - Staatlichen Studienakademie
Villingen-Schwenningen

Betreuender Dozent:	vorgelegt von:
Prof. Dr. Eduard Mahlzahn	Hanna Pfisterer
	geb. 15.01.1977
	in Radolfzell/Bodensee

Abgabedatum:
03.07.2003

2.3.2. **Vorwort** oder **Vorbemerkung** (wenn Sie dies wollen)

Dieser mögliche Teil einer Diplomarbeit ist nicht vorgeschrieben, d.h. wenn Sie es wollen, so können Sie in einem Vorwort bzw. in einer Vorbemerkung die Ideen zur Entstehung Ihrer Diplomarbeit niederschreiben. Auch ist hier der Raum für das Danksagen, wenn Ihnen Menschen in besonderer Weise hilfreich gewesen sein sollten.

Als „Faustregel" können Sie sich merken, daß die Bemerkungen in einem Vorwort nicht unmittelbar mit der Abhandlung als solcher inhaltlich zu tun haben müssen, sondern eben „Vor-Bemerkungen" darstellen.

2.3.3. **Inhaltsverzeichnis** (oder Inhaltsübersicht oder Gliederung)

Das Inhaltsverzeichnis, das im Rahmen der Vorbereitungen zu Ihrer Diplomarbeit auch Gliederung genannt werden kann, stellt in Verbindung mit einem bewußt gewählten Titel und einem das Thema einschränkenden, präzisierenden Untertitel eine Einheit dar, die - wenn Sie dies in systematischer Weise erarbeitet und formuliert haben - bereits bedeutsame Informationen zu Aufbau und Schwerpunktsetzung Ihrer Diplomarbeit enthält.

Wichtig ist in diesem Zusammenhang eine nachvollziehbare, logischen Gesichtspunkten folgende Ordnung der einzelnen Kapitel Ihrer Arbeit.

Das Kapitel 1 ist immer die Einleitung oder Einführung, die Kapitel 2, 3 und 4 könnten die Hauptteile 1, 2 und 3 sein, während das Kapitel 5 den Schlußteil Ihrer Arbeit überschreibt.

Wenn wir das genannte Beispiel nehmen, so könnte hier folgendes angeführt werden:

Psychische Gewalt gegen Kinder

-

Sozialwissenschaftliche Grundlagen und Perspektiven

Gliederung
1. Einleitung
2. *Gewalt gegen Kinder/Kindesmißhandlung* als gesellschaftliches Phänomen
3. *Psychische Gewalt gegen Kinder* - Zum aktuellen Forschungsstand in der wissenschaftlichen Literatur
4. (Auto-)Biographische Forschung und *psychische Gewalt gegen Kinder*
5. *Psychische Gewalt gegen Kinder* - Grundlagen und Perspektiven

---

Im weiteren Fortgang Ihrer Ausarbeitung werden Differenzierungen der einzelnen Kapitel notwendig.
Diese Einsicht könnte für unser oben genanntes Beispiel folgendes bedeuten:

Psychische Gewalt gegen Kinder

-

Sozialwissenschaftliche Grundlagen und Perspektiven

Inhaltsverzeichnis

1. Einleitung

2. *Gewalt gegen Kinder/Kindesmißhandlung* als gesellschaftliches Phänomen
2.1. Zur Einführung in den Themenbereich
2.2. Sozialwissenschaftliche Begriffsbestimmungen von *Gewalt gegen Kinder*
2.3. Zur Geschichte der Erforschung des Phänomens *Gewalt gegen Kinder*
2.4. Zusammenfassung und Diskussion der (vorläufigen) Ergebnisse

3. *Psychische Gewalt gegen Kinder* - Zum aktuellen Forschungsstand in der wissenschaftlichen Literatur
3.1. Einführung
3.2. *Psychische Gewalt gegen Kinder* - Forschungsstand und Perspektiven
3.3. *Psychische Gewalt gegen Kinder* - Ergebnisse einer Befragung
3.4. Ausblick

4. (Auto-)Biographische Forschung und *psychische Gewalt gegen Kinder*
4.1. Methodische Probleme (auto-)biographischer Forschungsansätze
4.2. Zum Wandel der Beurteilungskriterien von *Gewalt gegen Kinder*
4.3. Ausgewählte Beispiele aus der (auto-)biographischen Literatur
4.4. Zusammenfassung und Versuch der Einordnung

5. Psychische Gewalt gegen Kinder - Grundlagen und Perspektiven

5.1. Zusammenfassung und Diskussion der Ergebnisse

5.2. *Psychische Gewalt gegen Kinder* - Standortbestimmung und Perspektiven

5.3. Ausblick

Literaturverzeichnis

2.3.4. Abkürzungsverzeichnis (wenn Sie dies wollen)

Es kann sinnvoll sein, aber dies hängt sowohl vom Inhalt Ihrer Diplomarbeit ab wie auch von Ihrer persönlichen Entscheidung, ein Abkürzungsverzeichnis anzulegen.

Wenn Sie dies tun, so sind darin nicht gebräuchliche oder selten gebrauchte Abkürzungen in alphabetischer Reihenfolge aufzuführen.

Beispiele:

BA-VS	Berufsakademie Villingen-Schwenningen
BGB	Bürgerliches Gesetzbuch
DAAD	Deutscher Akademischer Auslandsdienst
StGB	Strafgesetzbuch

Was Sie nicht in ein Abkürzungsverzeichnis aufnehmen sollten, sind gängige Kürzel wie beispielsweise

a.a.O.	am angegebenen Ort
et al.	et alii - und andere
u.a.	und andere(s)
usw.	und so weiter
z.B.	zum Beispiel

Eine sinnvolle Alternative zu einem Abkürzungsverzeichnis stellt folgendes Vorgehen dar: Wenn Sie das erstemal einen Begriff bzw. einen Fachterminus benutzen, diesen in der Folgezeit aber immer abgekürzt schreiben wollen, so können Sie bei der ersten Nutzung diesen Begriff ausschreiben und in Klammern die Abkürzung setzen, z.B. Berufsakademie Villingen-Schwenningen (BA-VS).

Ab diesem Zeitpunkt können Sie immer die Abkürzung wählen, denn der aufmerksame Leser wird diese Verwendung wahrgenommen haben.

2.3.5. Verzeichnis der Abbildungen/Tabellen

Sie können, wenn Sie es für sinnvoll und notwendig halten, ein Verzeichnis von Abbildungen und Tabellen anlegen und dieses dem Kapitel 1 voranstellen.

Wichtig dabei ist, daß Sie die Tabellen/Abbildungen mit Ziffern durchgehend numerieren (von 1 bis n) und daß die Überschriften vom Wortlaut her identisch sind mit denen im Text erscheinenden Tabellen/Abbildungen. Auch sollten Sie in das Verzeichnis die Seitenzahlen aufnehmen.

Beispiel: Seite

Tab. 1: Familien in der Bundesrepublik Deutschland nach Kinderzahl   16

Tab. 2: Haushalte nach Anzahl der Mitglieder (1998)   18

2.3.6. Literaturverzeichnis bzw. Verzeichnis der benutzten Literatur/Verzeichnis weiterführender Literatur

In dem Literaturverzeichnis, das im übrigen nicht zwingend ein Kapitel mit Ziffer sein muß, listen Sie alle Beiträge aus der Literatur, unveröffentlichte Texte, hektographiertes Material, Briefe, Fernsehsendungen, Internetauszüge u.ä. in alphabetischer Reihenfolge des Nachnamens des jeweiligen Verfassers auf.

All die Veröffentlichungen, die Sie direkt zitiert und dem Sinn entsprechend wiedergegeben haben (= indirekte Zitate), müssen Sie in die Literaturliste aufnehmen, während Sie die, die Ihnen als Anregung gedient haben bzw. die Sie dem Leser als zusätzliche, weiterführende Literatur kundtun möchten, auflisten können.

Das einfachste unter vielen Systemen, ein Literaturverzeichnis anzulegen, besteht meiner Meinung nach in folgendem Vorgehen:
- Nachname des Verfassers (in Großbuchstaben oder herkömmlicher Schreibweise möglich)
- Vorname des Verfassers (abgekürzt oder ausgeschrieben)[1]
- Erscheinungsjahr/Auflage (Auflagenkennzeichnung 2002^{11} oder 2002 11. Auflage)
- Doppelpunkt
- Titel der Veröffentlichung

---

[1] In diesem Zusammenhang gilt folgender Leitsatz: ein einmal eingeschlagenes System (hier Vorname abgekürzt oder ausgeschrieben) sollten Sie die gesamte Arbeit hindurch anwenden.

- Punkt
- Untertitel der Veröffentlichung
- Punkt
- Erscheinungsort(e)
- Verlag (wenn Sie es wollen)

Beispiele:

BÖHNISCH, L. 1998: Sozialpädagogische Sozialforschung. Grundzüge einer sozialpädagogischen Jugendkunde. In: RAUSCHENBACH, T./THOLE, W. (Hg.), Sozialpädagogische Forschung. Gegenstand und Funktionen, Bereiche und Methoden. Weinheim, München 1998, 97-131.

GALUSKE, M. 1998: Methoden der Sozialen Arbeit. Eine Einführung. Weinheim, München.

SOMMER, B. 2000: Zur Konzeption eines Einführungsseminars „Wissenschaftliches Arbeiten". Didaktische Überlegungen zur Seminarplanung an der Berufsakademie Villingen-Schwenningen, Fachbereich Sozialwesen. In: Unsere Jugend (52. Jg.) 2000, 7/8, 320-331.

Bei mehreren Verfassern können Sie demselben Schema folgen, nur daß Sie dann die Verfasser folgendermaßen kennzeichnen können:

THEUNISSEN, G./PLAUTE, W. 1995: Empowerment und Heilpädagogik. Ein Lehrbuch. Freiburg/Brsg.

2.3.7. Anhang

In einem Anhang können Sie Materialien anfügen, die nicht für das unmittelbare Textverständnis notwendig sind, Ihnen dennoch so wichtig erscheinen, daß Sie dem Leser diese Informationen nicht vorenthalten wollen.

Dies können sein: Konzeptionen, bei Befragungen vollständige Fragebögen, Tabellen, Abbildungen, Photos u.ä.

Wichtig ist in diesem Zusammenhang die Anmerkung, daß Sie im fortlaufenden Text Ihrer Arbeit den Leser darauf hinweisen, daß zu bestimmten Themen im Anhang Material zu finden ist (mit Seitenangabe).

2.3.8. Selbständigkeitserklärung

Die letzte Seite Ihrer Diplomarbeit sollte eine sogenannte Selbständigkeitserklärung enthalten. Für die Berufsakademie Villingen-Schwenningen gilt folgender Wortlaut als verpflichtend und muß mit handschriftlich versehener Orts- und Datumsangabe sowie mit Vor- und Nachname unterschrieben werden:

Ich versichere hiermit, daß ich meine Diplomarbeit mit dem Thema .... selbständig verfaßt und keine anderen als die angegebenen Quellen und Hilfsmittel benutzt habe.

....

(Ort und Datum)   (Unterschrift)

2.4. Zitieren

Da das Thema Zitieren immer wieder große Probleme bereitet, seien an dieser Stelle die wesentlichen Aspekte „sauberen Zitierens" genannt.

Zitieren dient, allgemein gesprochen, nicht einem Selbstzweck, das soll heißen, möglichst viel Zitieren bedeutet nicht wissenschaftlich arbeiten.

Vielmehr soll das Zitieren von (Fach-)Literatur dazu dienen, Ihre Argumentation hinsichtlich einer Themenstellung mit Ausführungen aus der einschlägigen Literatur zu belegen.

Nicht die Masse an Zitaten stellt ein Qualitätsmerkmal dar, sondern der sinnvolle und nachvollziehbare Einsatz von Zitaten im Gang Ihrer Argumentation.

Es gibt, verallgemeinernd gesprochen, zwei unterschiedliche Systeme von **Zitierweisen**, d.h. wie Sie die Quellen Ihrer Zitate angeben können:

Zum einen, und dieses System scheint sich immer mehr durchzusetzen, läßt sich das sogenannte „Harvard-System" beobachten, das gänzlich auf Fußnoten als Quellenangabe verzichtet.

Zum zweiten das System mit Fußnoten, mit dem Sie fortlaufend numeriert im Text Fußnoten setzen, die dann unter dem sogenannten Zitierstrich auf derselben Seiten die jeweiligen Quellenangaben enthalten.

Dann muß in einem zweiten Schritt unterschieden werden zwischen einem **direkten Zitat**, d.h. der wörtlichen Wiedergabe eines Textauszuges, und einem **indirekten Zitat**, d.h. einer dem

Sinn entsprechenden Wiedergabe eines Textauszuges, das in der Quellenangabe mit einem vgl. (= vergleiche) zu versehen ist.

Im folgenden seien beispielsweise zur Veranschaulichung und direkten Gegenüberstellung zwei Möglichkeiten angeführt, wie Sie zitieren und die dazugehörenden Quellennachweise angeben können.

In den Beispielen A-1 und A-2 handelt es sich um ein indirektes Zitat, d.h. es wird ein Abschnitt aus einem Text dem Sinn entsprechend wiedergegeben (deshalb in der Quellenangabe vgl. = vergleiche).

Im Beispiel A-1 wird mit dem sog. „Harvard-System" gearbeitet, d.h. der Quellennachweis erfolgt unmittelbar nach dem zitierten Textabschnitt in ( ).

In Beispiel A-2 wird mit dem Fußnoten-System gearbeitet, d.h. der Quellennachweis erfolgt unten auf der Seite (Sie können den Befehl „Fußnote einsetzen" aktivieren, indem Sie mit dem Curser an die Stelle gehen, wo Sie im Text die Fußnote setzen wollen und klicken bei „Einfügen" den Befehl „Fußnote" an und schon setzt Ihnen Ihr PC die Fußnote an die richtige Stelle im Text und springt sofort nach unten in den Fußnoten-Teil. Da können Sie dann die Quelle angeben)[2].

Beispiel A-1

GALUSKE (1998) stellt in diesem Zusammenhang die These auf, Beratung sei ein integraler Bestandteil von Kommunikation, die sich sowohl in Alltagssituationen wie in therapeutisch gezielt eingerichteten Settings wiederfinde (vgl. GALUSKE 1998, 155).

Beispiel A-2

GALUSKE (1998) stellt in diesem Zusammenhang die These auf, Beratung sei ein integraler Bestandteil von Kommunikation, die sich sowohl in Alltagssituationen wie in therapeutisch gezielt eingerichteten Settings wiederfinde[3].

Die Beispiele B-1 und B-2 folgen demselben Quellennachweis-Schema, nur handelt es sich hier um ein direktes, d.h. wörtliches Zitat (d.h. bei der Quellenangabe ohne vgl.). B-1 arbeitet mit „Harvard-System", B-2 mit Fußnoten-System.

---

[2] Die in der Quellenangabe genannte Veröffentlichung müssen Sie später in dem Literaturverzeichnis bzw. Verzeichnis der benutzten/weiterführenden Literatur aufführen.
[3] vgl. GALUSKE 1998, 155.

Beispiel B-1

BÖHNISCH (1998) geht von folgender Ausgangsüberlegung aus: „Das Verhältnis von Sozialpädagogik und Sozialforschung wird in der Regel als sozialpädagogisch angewandte Sozialforschung deklariert" (BÖHNISCH 1998, 97).

Beispiel B-2

BÖHNISCH (1998) geht von folgender Ausgangsüberlegung aus: „Das Verhältnis von Sozialpädagogik und Sozialforschung wird in der Regel als sozialpädagogisch angewandte Sozialforschung deklariert"[4].

In den Beispielen C-1 und C-2 lassen Sie in einem Zitat etwas aus. Das dürfen Sie dann machen, wenn Sie die von Ihnen ausgelassenen Textstellen mit einer (...) versehen und zu der Quellenangabe hinzufügen, daß Sie die Auslassungen vorgenommen haben.

Beispiel C-1

BÖHNISCH (1998) geht von der Ausgangsüberlegung aus, daß das „Verhältnis von Sozialpädagogik und Sozialforschung (...) in der Regel als sozialpädagogisch angewandte Sozialforschung deklariert" (BÖHNISCH 1998, 97; Auslassungen durch d. Verf.) werde.

Beispiel C-2

BÖHNISCH (1998) geht von der Ausgangsüberlegung aus, daß das „Verhältnis von Sozialpädagogik und Sozialforschung (...) in der Regel als sozialpädagogisch angewandte Sozialforschung deklariert" werde[5].

Das war die **Quellenangabe** als Nachweis im Text, wo Sie die Textauszüge gefunden und für Ihre Arbeit verwendet haben.

Etwas gänzlich anderes ist das **Literaturverzeichnis**, das am Ende Ihrer Arbeit steht. Hier werden alle Bücher, Zeitschriftenaufsätze, Fernsehsendungen, Internet-Texte u.ä. angegeben, wobei in der Regel nach dem Alphabet von A-Z des Nachnamens der jeweiligen Autoren/innen geordnet wird.

Z.B.

BÖHNISCH, L. 1998: Sozialpädagogische Sozialforschung. Grundzüge einer sozialpädagogischen Jugendkunde. In: RAUSCHENBACH, T./THOLE, W. (Hg.), Sozialpädagogische Forschung. Gegenstand und Funktionen, Bereiche und Methoden. Weinheim, München 1998, 97-131.

GALUSKE, M. 1998: Methoden der Sozialen Arbeit. Eine Einführung. Weinheim, München.

---

[4] BÖHNISCH 1998, 97.
[5] BÖHNISCH 1998, 97; Auslassungen durch d. Verf.

SOMMER, B. 2000: Zur Konzeption eines Einführungsseminars „Wissenschaftliches Arbeiten". Didaktische Überlegungen zur Seminarplanung an der Berufsakademie Villingen-Schwenningen, Fachbereich Sozialwesen. In: Unsere Jugend (52. Jg.) 2000, 7/8, 320-331.

Sie sehen hier, daß sich die Quellenangabe (z.B. SOMMER 2000, 325) in den wesentlichen Bestandteilen im Literaturverzeichnis sofort auffinden läßt.

Ich bin der Meinung, daß dies das einfachste System darstellt, die Quellen anzugeben und die Quellen dementsprechend in das Literaturverzeichnis aufzunehmen - und dies mit geringem Aufwand, dennoch hinsichtlich wissenschaftlicher Systematik einwandfrei und nachvollziehbar.

Die Angaben des Literaturverzeichnisses sind ausführlich, d.h. Nachname, Vorname(n) (abgekürzt oder ausgeschrieben), Erscheinungsjahr des Buches/Aufsatzes, Titel, Untertitel, Erscheinungsort, Verlag (ist aber nicht zwingend vorgeschrieben).

Wenn Sie einen Aufsatz in einem Buch oder in einer Zeitschrift zitiert haben und dieses Werk in Ihr Literaturverzeichnis aufnehmen wollen, dann sehen Sie sich am besten die Beispiele BÖHNISCH und SOMMER an.

So in etwa müßten Sie diese Aufsätze in Büchern anderer Autoren angeben. Die Seitenzahl bei SOMMER 2000 gibt die erste und letzte Seite des Aufsatzes in der Zeitschrift „Unsere Jugend" an; der Unterschied zur Quellenangabe besteht darin, daß in der Quellenangabe nur die Seite/n genannt wird/werden, die Sie zitiert haben.

Darüber hinaus lassen sich Sonderfälle auffinden wie beispielsweise das sogenannte „Zitat im Zitat".

Zu diesen speziellen Fragen weise ich Sie auf Fachliteratur hin, anhand derer Sie mit unerheblichem Zeitaufwand die Besonderheiten von Zitieren, Quellenangaben u.ä. nachschlagen können (vgl. u.a. PETERSSEN 1996[5], 119 ff.; ROST 1999[2], 210; RÜCKRIEM et al. 1997[10], 168 ff.).

Das alles hört sich ziemlich kompliziert an. Wenn Sie aber einmal das System verstanden haben, dürfte es keine großen Probleme geben. Am besten suchen Sie sich das System („Harvard-System" oder das „Fußnoten-System") aus, was Ihnen am meisten liegt. Wenn Sie sich dann für eine „System der Quellenangabe" entschieden haben, dann müssen Sie dieses im Rahmen Ihrer schriftlichen Arbeit auch konsequent durchgängig anwenden.

Von dieser Überlegung unabhängig dürfen Sie auch bei Anwendung des „Harvard-Systems", das in der Regel ohne Fußnoten als Ort der Quellenangabe auskommt, Anmerkungen setzen, die Kommentare von Ihnen, aber keine Quellenangaben enthalten dürfen.

3. Kriterien von *Wissenschaftlichen(m) Arbeiten* - Notwendige Arbeitsschritte in wissenschaftlichen Schreibprojekten

3.1. Einführung

In einer schier unüberschaubaren Fülle von Veröffentlichungen werden Kriterien *Wissenschaftlichen Arbeitens* seit Jahrzehnten diskutiert.

In diesem Zusammenhang seien in der erforderlichen Kürze einige wesentliche Kriterien genannt, die m.E. (meines Erachtens) *Wissenschaftliche(s) Arbeiten* charakterisieren.

Wissenschaftliche(s) Arbeiten können/kann u.a. gekennzeichnet werden als Ergebnis bzw. Prozeß systematisch erfolgenden, gedanklich nachvollziehbaren, zielgerichteten, argumentativen Bearbeitens von operationalisierten Frage- und Aufgabenstellungen.

Das bedeutet, um im „Bild" des beispielhaft angeführten, fiktiven Diplomarbeit-Themas „Psychische Gewalt gegen Kinder" (vgl. S. 115 ff.) zu bleiben, daß das Thema „Psychische Gewalt gegen Kinder" so formuliert nicht zu bearbeiten ist, denn es fehlen klare Frage- bzw. Aufgabenstellungen.

Mit einem einschränkenden Untertitel, in diesem Beispiel „Sozialwissenschaftliche Grundlagen und Perspektiven", lassen sich die inhaltlichen Schwerpunkte aus dem übergeordneten Themenbereich „Psychische Gewalt gegen Kinder" ableiten.

Aus dem Bereich „Gewalt gegen Kinder" stellt „Psychische Gewalt gegen Kinder" ein Unterthema dar, das wiederum über Schwerpunktsetzung in den einzelnen Aspekten bearbeitbar wird. Dieser Vorgang, ein Thema „bearbeitbar" zu machen, wird auch als Operationalisierung bezeichnet.

Die Aspekte, die Sie im Rahmen Ihrer wissenschaftlichen Arbeit tatsächlich bearbeiten wollen, können Sie in Fragestellungen (um-)formulieren, auf die Sie mit Ihren Hauptteilen die entsprechenden Antworten geben. Auf unser Beispiel bezogen hieße dies

„Bedeutsam in diesem Zusammenhang stellen sich jedoch die Zielsetzungen dar, interessierte Leser für grundlegende Aspekte des Phänomens der *psychischen Gewalt gegen Kinder* zu sensibilisieren, erste Einblicke in sozialgeschichtliche Dimensionen der Erforschung der Phänomene *Kindesmißhandlung* und *Gewalt gegen Kinder* zu vermitteln sowie deren Auswirkungen auf aktuelle Bezüge zu verdeutlichen, des weiteren Einsichten hinsichtlich der gesellschaftlich bedingten Zusammenhänge von *Gewalt gegen Kinder* zu fördern und somit erste Schritte auf dem Weg hin zu der Entwicklung eines umfassenden Verständnisses von *Gewalt gegen Kinder* anzustoßen, das nicht von vornherein schwer faß- und wahrnehmbare, subtil wirkende Phänomene aufgrund forschungsmethodischer und -methodologischer Argumentationen ausschließt.

Der Formulierung dieser Zielsetzungen entsprechend werden in dem vorliegenden Einführungsband Fragestellungen aufgeworfen, an deren Beantwortung sich schrittweise angenähert werden soll:
1. Welche Aspekte in der Geschichte der Erforschung der Phänomene *Kindesmißhandlung* und *Gewalt gegen Kinder* erweisen sich im Zuge der (wissenschaftlichen) Bemühungen um die Erarbeitung eines der wahren Bedeutung der Problembereiche angemessenen Grundverständnisses von *Gewalt gegen Kinder* als richtungsweisend ?
2. Wie stellt sich der aktuelle Forschungsstand über *psychische Gewalt gegen Kinder* in der einschlägigen wissenschaftlichen Literatur dar ?
Welche möglichen Konsequenzen und Perspektiven lassen sich aus den gewonnenen Erkenntnissen ableiten ?
3. Lassen sich über den Weg der Bearbeitung (auto-)biographisch ausgerichteter und literarisch aufgearbeiteter Beiträge subjektiv von *Gewalt* Betroffener Hinweise auf bisher unbeantwortete Fragen aus dem Bereich *psychischer Gewalt gegen Kinder* finden ?
Welche Konsequenzen können sich aus der Aufarbeitung subjektiv gehaltener Beiträge von *Gewalt* Betroffener für die aktuelle Diskussion um das Phänomen der *psychischen Gewalt gegen Kinder* ergeben ?" (SOMMER 2002, 17 f.)

Anhand dieses Beispieles läßt sich ablesen, daß die entsprechenden Fragestellungen aus einem „größeren" Zusammenhang („Gewalt gegen Kinder") abgeleitet worden sind, in den die später erarbeiteten Ergebnisse wieder eingeordnet werden (sollten).

3.2. Kriterien von *Wissenschaftlichen(m) Arbeiten*
Das Kriterium, das eben angesprochen wurde, ist das der Ableitung und Formulierung einer exakten, „leitenden" und gleichzeitig bearbeitbaren Frage- oder Aufgabenstellung.
Weitere Kriterien für *Wissenschaftliche(s) Arbeiten* bestehen in
- der fachlichen Richtigkeit
- dem Grad an Vollständigkeit
- dem von Ihnen eingeschlagenen Reflexions- und Argumentationsniveau
- der gedanklichen Nachvollziehbarkeit Ihrer Schlußfolgerungen und kritischen Einschätzungen
- einem möglichst systematischen Kriterien folgenden Aufbau

- auf logischen Gesichtspunkten basierenden Gedankengängen
- rationalem, in sich schlüssigem Argumentieren
- dem Sichtbar-Werden eines „roten Fadens"
- dem sorgfältigen Auswählen und Verarbeiten von Fachliteratur
- „sauberem Zitieren"
- dem sorgfältigen Angeben der benutzten Quellen
- dem Beachten und Einhalten der formalen Vorgaben der jeweiligen (Fach-)Hochschule oder Ausbildungseinrichtung

3.3. Notwendige Arbeitsschritte in wissenschaftlichen Schreibprojekten

In Anlehnung an die Ausführungen von KRUSE (2000) läßt sich folgendes Ablaufschema entwerfen, das Ihnen hinsichtlich des Prozesses von Planen, Ausarbeiten und Abfassen Ihrer Arbeit konkrete Orientierungshilfen bieten kann (vgl. KRUSE 2000[8], 188 ff.):

Orientierungs- und Planungsphase
1. Themensuche und erste Planung
2. Thema erkunden: eigenes Wissen, Befragungen, weitere Informationsquellen
3. erste Literatursuche
4. Thema eingrenzen
5. Festlegen von Fragestellung(en) und Vorgehensweise

Recherche und Materialbearbeitung
6. Systematische Literatursuche
7. Beschaffen der relevanten Literatur in Bibliotheken u.ä.
8. Quellen- und Datensammlung
9. Lesen und Exzerpieren/Auswerten der Literatur bzw. Quellen entsprechend der/den Fragestellung(en)

Strukturieren des Materials
10. Ordnen, Klären, differenzieren, Belegen
11. Erarbeiten einer Gliederung

„Rohfassung"
12. Formulieren der Rohfassung
13. rückwirkende Veränderung der Struktur (u.U. auch des Inhalts)

Überarbeiten
14. nach „rotem Faden": Vollständigkeit, Überleitungen, Argumentation
15. nach wissenschaftlichen „Standards": Logik, Begrifflichkeit(en), Anmerkungsapparat, Quellen- und Literaturverzeichnis, formale Vorgaben
16. nach sprachlichen Gesichtspunkten: Satzstruktur, Ausdruck

Korrektur
17. Korrektur-Lesen (eventuell durch Außenstehende): Rechtschreibung, Grammatik, Überprüfen von Verweisen, Zitaten, Quellen
18. „Reinschrift"

Im folgenden einige Anmerkungen zu den einzelnen Arbeitsschritten (vgl. KRUSE 2000[8], 185-245; vgl. auch BÜNTING et al. 2002[3], 50 ff., FRANCK 2002[5], 54 ff.):

Orientierungs- und Planungsphase

In dieser Phase stehen erste wichtige Entscheidungen an:

- Sie suchen nach einem geeigneten Thema, das im Rahmen der jeweils geltenden zeitlichen und organisatorischen Vorgaben auch angemessen bearbeitet werden kann.
- Sie nehmen Kontakt zu einem/r betreuenden Dozenten/in auf, mit dem/der weitere Fragen des Projektes abgesprochen werden sollten (der oder die jeweilige Dozent/in ist nicht nur Gutachter Ihrer Diplomarbeit, sondern auch Betreuer/in!).
- Sie können Ihr Thema erkunden, indem Sie alle für Sie erhältlichen Informationen aufnehmen und sammeln, d.h. daß Sie sich in diesem Arbeitsschritt keineswegs ausschließlich auf die einschlägige wissenschaftliche Literatur beschränken, sondern Informationsquellen unterschiedlicher Art und Qualität nutzen können (sollten): Fakten, Statistiken, Beobachtungen, Zitate, Berichte, Anekdoten, Theorien, Metaphern, Prinzipien, Fragen, Probleme, Lösungen, Ideen, Geschichte u.a. (vgl. im einzelnen KRUSE 2000[8], 196 f.).

- Im Rahmen einer ersten Literatursichtung ist es wichtig, daß Sie sich einen Eindruck von dem aktuellen Stand der wissenschaftlichen Diskussion zu Ihrem Thema verschaffen. In dieser Phase scheint es nahezu unerläßlich, „eine kompetente Person nach der wichtigsten neueren Literatur, nach Diskussionszusammenhängen, Kontroversen, Spezialisten (zu) fragen" (KRUSE 2000[8], 198; Zusatz durch d. Verf.); dieses Vorgehen erspart Ihnen viel Zeit und Mühen.
- Systematisches Recherchieren scheint zu diesem Zeitpunkt noch zu früh, da das Thema der Arbeit noch nicht klar festgelegt ist. Was Sie jedoch bereits jetzt leisten können, ist eine Annäherung an den Stand der Literatur/Forschung hinsichtlich Ihrer Themenstellung.
- Das Thema eingrenzen: Dies können Sie über die Festschreibung einer möglichst dezidierten Themenstellung für Ihre Arbeit erreichen, über die Festlegung eines die Schwerpunkte Ihrer Arbeit kennzeichnenden Untertitels sowie über die Formulierung von einer, zwei oder drei Fragestellungen, die Sie im Rahmen Ihrer Ausarbeitung beantworten wollen.
- Zugleich mit der Formulierung und damit Festlegung der Fragestellung(en) ist es sinnvoll, Zielsetzungen der jeweiligen Arbeit zu bestimmen. Voraussetzung für eine Zielbestimmung ist aber ein „grober" Überblick über die wissenschaftliche Literatur zu Ihrem Thema. Zielsetzungen einer Seminar-, Studien- oder auch Diplomarbeit könnten beispielsweise darin bestehen, die Leser für einen bestimmten Themenbereich zu sensibilisieren, Widersprüche innerhalb der wissenschaftlichen Diskussion um ein Thema aufzuzeigen („weite" Zielsetzungen) oder aber ein bestimmtes Phänomen zu beschreiben und zu erklären, eine Behauptung zu (über-)prüfen, einen Sachverhalt zu analysieren u.a. („enge" Zielsetzungen).
- Wichtig ist in diesem Zusammenhang der Vorschlag, daß Sie Ziele für Ihre Arbeit formulieren, die nicht unbedingt in der Endfassung Ihrer Arbeit (diese Fassung reichen Sie beim Fachbereich letztendlich ein) erscheinen müssen, die vielmehr für Sie Orientierung und Leitlinien darstellen können: Mit diesem Hilfsmittel können Sie sich zu jeder Phase Ihrer Ausarbeitung vergegenwärtigen, welche(s) Ziel(e) Sie mit Ihrem Projekt verfolgen.

Recherche und Materialbearbeitung

Nachdem Sie in Absprache mit Ihrem/r jeweiligen Betreuer/in das Thema, den Titel und Untertitel Ihrer Arbeit festgelegt haben, Sie sich einen ersten Überblick über den Stand der Forschung zu Ihrem Thema erarbeitet haben, Sie Fragestellungen formuliert und Zielsetzungen bestimmt haben - vielleicht haben Sie auch schon eine erste Gliederung verfaßt -, ist die Phase der systematischen Literaturrecherche und -bearbeitung angesagt:

- Sie suchen nach geeigneter Literatur in Bibliotheken, Internet usw., Sie fragen Betreuer/in oder sonstige Experten an, Sie bestellen Literatur über den Weg der Fernleihe u.ä..
- Sie lesen und exzerpieren inhaltliche Aspekte von Texten, treffen Entscheidungen, welche Veröffentlichungen Sie letztendlich verwenden wollen.
- Denken Sie daran, daß Sie kaum die Zeit haben werden, Veröffentlichungen von der ersten bis zur letzten Seite lesen zu können; wichtig ist vielmehr das Bemühen Ihrerseits, Veröffentlichungen vor dem Hintergrund Ihrer Frage- und Aufgabenstellungen gezielt zu lesen.
- Wie Sie dann die für Sie relevanten Informationen aus den Texten festhalten, sie damit „verwertbar" machen, ist abhängig von Ihrem jeweiligen Arbeitsstil.

Hier wird das bedeutsam, was wir bereits im Rahmen von „Selbsterfahrung" angesprochen hatten: Sie haben bereits einen eigenen Arbeitsstil - die Frage ist, wie Sie Ihren Arbeitsstil möglichst effektiv einsetzen können.

- Sie können Ihre Notizen auf „Extra-Zettel", auf Karteikarten oder direkt in den PC schreiben - es darf nur nichts Wesentliches verlorengehen.
- Nützlich kann in dieser Phase auch eine (vorläufige) Gliederung Ihrer Arbeit sein, anhand derer Sie Ihre Aufzeichnungen von für Ihre Themenstellung heranzuziehenden Textstellen bestimmten Gliederungspunkten zuordnen können.
- Der nächste Schritt besteht in dem Ordnen, Klären und Differenzieren des verwendeten Materials: Sie stehen also vor der Frage, wie Sie das Gelesene in Ihrer Arbeit verwerten können.

Es geht letztendlich, wie bereits erwähnt wurde, nicht darum, möglichst viele Zitate von anderen Autoren/innen heranzuziehen (außer Ihr Thema bezieht sich explizit auf die Darstellung von Literatur zu einem bestimmten Thema), sondern Ihre Argumentation hinsichtlich einer Themenstellung mit Hilfe von Zitaten zu belegen. Dies ist ein gravierender Unterschied.

- Sie werden nicht umhin kommen, unabhängig von der jeweils gewählten Themenstellung Literatur aufzuarbeiten und die Ergebnisse dieser Bemühungen auch in Ihrer Arbeit niederzuschreiben. Die sich aber in diesem Zusammenhang anschließende Frage besteht darin, welche Zielsetzung(en) Sie mit Hilfe der Verwendung dieser Literatur erreichen wollen.

Spätestens an dieser Stelle wird deutlich, wie eminent wichtig und umfassend bedeutsam das strukturierte, systematische Vorgehen im Rahmen von wissenschaftlichen Schreibprojekten sein kann:

Eine Gliederung, die zunächst grob sein kann, mit zunehmender Bearbeitungszeit aber immer differenzierter ausfallen wird, kann die entscheidende Orientierungshilfe im Fortgang *Wissenschaftlicher(n) Arbeiten(s)* sein.
Nutzen Sie diese Möglichkeiten, um Ihnen selbst viel Zeit und Energie zu sparen sowie Ihre Nerven zu schonen.

„Rohfassung"
Mit dem Erstellen der sogenannten „Rohfassung" beginnt der eigentliche Schreibakt. Sie haben die wichtigsten Veröffentlichungen gelesen, Sie haben ein Verständnis Ihrer Themenstellung gegenüber entwickeln können, Sie haben Frage- und Aufgabenstellungen formuliert und eine differenzierte Gliederung ausgearbeitet - nun ist es an der Zeit, einen zusammenhängenden Text zu formulieren.
Dabei sollten Sie den Grundsatz nicht vergessen, daß Schreiben trotz aller formalen Vorgaben ein kreativer Akt ist: Sie „erschaffen" etwas - im wahren Sinne des Wortes.
Dennoch dürfen Sie nicht davon ausgehen, daß die „Rohfassung", also der erste Versuch einer schriftlichen Fixierung Ihrer Gedanken, identisch sein wird mit der Endfassung, die Sie beim Fachbereich letztendlich einreichen werden.
Auch diejenigen, die im Schreiben wissenschaftlicher Texte geübt sind, benötigen in der Regel mehrere, z.T. zeitlich aufwendige Arbeitsschritte, um zu der Formulierung einer sie zufriedenstellenden Endfassung zu gelangen.
Diesen ersten Versuch einer zusammenhängenden Formulierung Ihres Textes gilt es in der Folgezeit zu überarbeiten.

Überarbeiten
So kann es u.U. sinnvoll sein, das Manuskript ein paar Tage liegen zu lassen und eine Form von „innerem Abstand" zu dem Geschriebenen aufzubauen, um danach Ihren Text unter verschiedenen Gesichtspunkten zu überarbeiten.
Sie werden u.a. schauen (müssen) nach
- der korrekten Wiedergabe von Zitaten
- einem einheitlichen System folgenden Quellenangaben
- der Vollständigkeit des Literaturverzeichnisses
- sprachlichen Aspekten wie beispielsweise Satzstruktur, Ausdruck, Verwendung von Fachtermini - es geht um die Lesbarkeit und Verständlichkeit Ihres Textes

- einem sich durchziehenden „roten Faden" der Argumentation (auf ein Ziel hin)
- einem systematischen Kriterien folgenden Aufbau Ihrer Arbeit
- Nachvollziehbarkeit in der Argumentation und dem von Ihnen eingeschlagenen Reflexions- und Argumentationsniveau
- der fachlichen Richtigkeit
- dem Grad an Vollständigkeit
- dem Beachten und Einhalten der formalen Vorgaben der jeweiligen (Fach-)Hochschule oder Ausbildungseinrichtung

Der letzte Arbeitsschritt im Rahmen eines wissenschaftlichen Schreibprojektes besteht in dem **Korrektur-Lesen** und der Formulierung der sogenannten „**Endfassung**" Ihres Textes. Wenn Sie an dem Punkt angelangt sind, daß Ihre Ausarbeitung in inhaltlicher Hinsicht „steht", dann ist Korrektur-Lesen angesagt, wobei es um das Eliminieren von vorhandenen Rechtschreib- und Zeichensetzungsfehlern, das Ausgleichen grammatischer und stilistischer Unebenheiten sowie das Korrigieren von unrichtigen Seitenangaben geht.

Ein Phänomen, das Sie in diesem Zusammenhang vielleicht kennenlernen werden, ist die sogenannte „Textblindheit". D.h. nachdem Sie Ihre eigene Arbeit bereits zehn- bis zwanzigmal gelesen haben dürften (und sie damit im Wortlaut fast auswendig können), werden Sie Fehler nicht mehr oder kaum erkennen können. Seien Sie sich dieses Problems bewußt und lesen Sie Ihre Arbeit möglichst sorgfältig auf Fehler hin durch.

Vergessen Sie dabei nicht, und dies ist der letzte Hinweis in diesem Kontext, die formalen Vorgaben der jeweiligen Ausbildungsstätte/Hochschule zu beachten (vgl. S. 114 ff.).

3.4. Zusammenfassung und Versuch der Einordnung

Als aufmerksamer Leser der vorliegenden Schrift werden Sie gewiß bemerkt haben, daß sich die Aussagen in Kap. 3 zum Teil wiederholt haben.

Dies ist beabsichtigt, denn daran können Sie erkennen, daß die Kriterien *Wissenschaftlichen Arbeitens* nicht ausschließlich theoretische Größen sind, die es zu beachten gilt, sondern daß Sie im Prozeß des wissenschaftlichen Schreibens vor der Aufgabe stehen, diese Kriterien *Wissenschaftlichen Arbeitens* immer wieder von neuem praktisch zu erfüllen.

Die nach KRUSE (2000) dem Sinn entsprechend zitierten Arbeitsschritte im Rahmen eines wissenschaftlichen Schreibprojektes müssen Sie nicht in der abgebildeten Reihenfolge durchlaufen, vielmehr scheint mir bedeutsam, daß Sie sich der Notwendigkeit und Sinnhaftigkeit der einzelnen Arbeitsschritte bewußt werden. Mit anderen Worten formuliert:
Am Anfang jeder schriftlichen wissenschaftlichen Arbeit steht eine Idee, ein Gedanke, der Wunsch, sich intensiv mit einem Thema oder einer Fragestellung auseinanderzusetzen.
Wenn möglich, dann wählen Sie doch ein Thema, was Sie wirklich interessiert. Sie können davon ausgehen, daß Sie sich im Laufe der Bearbeitungszeit grundlegende (Er-)Kenntnisse und eventuell ein vertieftes Wissen in einzelnen Themenbereichen erarbeiten können.
Die Konkretisierung, Formulierung und Beantwortung/Bearbeitung der von Ihnen formulierten Fragestellungen ist ein Prozeß, der sich mit zunehmender Dauer der intensiven Beschäftigung mit einem Themenbereich verselbständigen kann:

- die Idee „nimmt Formen an"
- Sie sprechen mit Menschen (Wissenschaftlern, Dozenten, Arbeitskollegen, Autoren u.a.)
- Sie lesen bewußt Literatur
- Sie recherchieren, Sie suchen systematisch nach Literatur
- Sie formulieren Aufgaben- und Fragestellungen
- Sie schreiben Ziele inhaltlicher Art fest
- Sie stellen eine erste Gliederung auf, die zunehmend differenzierter wird
- Sie lesen gezielt auf Ihre Fragestellungen hin Literatur
- Sie werten Veröffentlichungen aus
- Sie kommen letztendlich zu der Formulierung eines eigenen Textes, den es schrittweise unter unterschiedlichen Gesichtspunkten zu überarbeiten gilt.

Eine der entscheidenden Hilfen, die meiner Meinung nach Grundlage jeder wissenschaftlichen Arbeit sein kann, besteht in dem Hinweis auf die besondere Bedeutung
- einer bewußt vorgenommenen Themenwahl,
- der exakten Formulierung eines Untertitels, der bereits die Schwerpunkte der Arbeit festschreibt,
- der Festlegung der inhaltlichen Ziele, die erreicht werden sollen,
- des Aufwerfens von bearbeitbaren Fragestellungen bzw. exakten Festlegens von Aufgabenstellungen
- sowie des Erarbeitens einer Gliederung.

Wenn es Ihnen gelingen sollte, diese Arbeitsgänge, die gewiß zeitgleich zu Literatursuche, -sichtung und -aufarbeitung stattfinden können, erfolgreich zu durchlaufen, so haben Sie einen wesentlichen Schritt auf dem Weg zu einer erfolgversprechenden wissenschaftlichen Arbeit bereits hinter sich gebracht.

Im folgenden sei ein Vorschlag zu einer formalen Gliederung abgebildet, der unabhängig von der konkreten Themenstellung Anwendung finden und Ihnen eine erste Orientierung bieten kann (vgl. auch PETERSSEN 1996[5], 104 f.).

**Zur formalen Gliederung
von wissenschaftlichen Arbeiten
-
Ein Vorschlag**

1. Einleitung

    1.1. Einführung

    1.2. Problemhintergrund

    1.3. Aufwerfen von Fragestellung(en)/Formulieren von Hypothese(n)

2. Hauptteil

    2.1. Einführung

    2.2. Darstellung der Ergebnisse/Abhandlung

3. Schlußteil

    3.1. Zusammenfassung und Diskussion der Ergebnisse

    3.2. Einordnen in allgemeine Zusammenhänge

    3.3. Ausblick (z.B. Aufwerfen neuer Fragestellungen)

Literaturverzeichnis

oder bei zwei Fragestellungen

1. **Einleitung**
   1.1. Einführung
   1.2. Problemhintergrund
   1.3. Aufwerfen von Fragestellung(en)/Formulieren von Hypothese(n)

2. **Hauptteil 1** (als Antwort auf Fragestellung 1)
   2.1. Einführung
   2.2. Darstellung der Ergebnisse/Abhandlung
   2.3. Zusammenfassung

3. **Hauptteil 2** (als Antwort auf Fragestellung 2)
   3.1. Einführung
   3.2. Darstellung der Ergebnisse/Abhandlung
   3.3. Zusammenfassung

4. **Schlußteil**
   4.1. Zusammenfassung und Diskussion der Ergebnisse
   4.2. Einordnen in allgemeine Zusammenhänge
   4.3. Ausblick (z.B. Aufwerfen neuer Fragestellungen)

Literaturverzeichnis

oder bei drei Fragestellungen

1. **Einleitung**
   1.1. Einführung
   1.2. Problemhintergrund
   1.3. Aufwerfen von Fragestellung(en)/Formulieren von Hypothese(n)

2. **Hauptteil 1** (als Antwort auf Fragestellung 1)
   2.1. Einführung
   2.2. Darstellung der Ergebnisse/Abhandlung
   2.3. Zusammenfassung

3. **Hauptteil 2** (als Antwort auf Fragestellung 2)
   3.1. Einführung
   3.2. Darstellung der Ergebnisse/Abhandlung
   3.3. Zusammenfassung

4. **Hauptteil 3** (als Antwort auf Fragestellung 3)
   4.1. Einführung
   4.2. Darstellung der Ergebnisse/Abhandlung
   4.3. Zusammenfassung

5. **Schlußteil**
   5.1. Zusammenfassung und Diskussion der Ergebnisse
   5.2. Einordnen in allgemeine Zusammenhänge
   5.3. Ausblick (z.B. Aufwerfen neuer Fragestellungen)

Literaturverzeichnis

Ein weiterer wichtiger Gedanke in diesem Zusammenhang ist die Überlegung, in wie viele Kapitel Sie Ihre Arbeit aufteilen wollen.

Streng genommen, wenn Sie den in dieser Schrift dargelegten Überlegungen gedanklich folgten, können im Rahmen Ihrer Arbeit nur so viele Hauptteile bearbeitet werden, wie entsprechend Frage- bzw. Aufgabenstellungen formuliert wurden.

D.h. selbst bei einer Diplomarbeit mit einem Umfang von 80 Seiten reichen in der Regel, bei Einhaltung des „Gebotes" der Einschränkung der Themenstellung auf bearbeitbare Aspekte, fünf Gliederungspunkte aus:

Kap. 1: Einleitung
Kap. 2: Hauptteil (als Antwort auf die Fragestellung 1)
Kap. 3: Hauptteil (als Antwort auf die Fragestellung 2)
Kap. 4: Hauptteil (als Antwort auf die Fragestellung 3)
Kap. 5: Schlußteil

Bedeutsam ist hier, daß Sie bei dem genannten Beispiel „Psychische Gewalt gegen Kinder" auf keinen Fall nach dem Kapitel 4 (dem 3. Hauptteil als Antwort auf die 3. Fragestellung) mit Ihren Ausführungen bzw. mit der Darstellung von Sachverhalten enden dürfen.

Ein Schlußteil, in diesem Beispiel das Kapitel 5, ist unbedingt erforderlich, weil erst hier die wesentlichen Ergebnisse Ihrer wissenschaftlichen Bemühungen zusammengefaßt, (selbst-)kritisch bewertet und reflektiert sowie in allgemeine Zusammenhänge eingeordnet werden (können)[6].

Für unser Beispiel „Psychische Gewalt gegen Kinder" kann dies zu folgendem Gliederungspunkt führen, der formal den „Schlußteil" bildet, der inhaltlich übersetzt aber folgendermaßen aussehen könnte:

---

5. *Psychische Gewalt gegen Kinder* - **Grundlagen und Perspektiven**
   5.1. Zusammenfassung und Diskussion der Ergebnisse
   5.2. *Psychische Gewalt gegen Kinder* - Standortbestimmung und Perspektiven
   5.3. Ausblick

Erst wenn Sie diesen Schritt durchlaufen haben, d.h. wenn Sie Ihre Ergebnisse zusammengefaßt, reflektiert, diskutiert und in allgemeine Zusammenhänge (wieder-)eingeordnet haben, ist Ihre Arbeit „rund". Sie kommen dann wieder, allerdings mit von Ihnen erarbeiteten Ergebnissen und u.U. neu gewonnenen Erkenntnissen, an den Ausgangspunkt Ihrer wissenschaftlichen (Abschluß-)Arbeit zurück.

---

[6] Leider lassen sich in Veröffentlichungen wissenschaftlicher Herkunft oftmals zehn Kapitel (und mehr) ausmachen, ohne daß sich die entsprechende Anzahl von zugrundeliegenden Frage- bzw. Aufgabenstellungen auffinden ließe.

Literaturverzeichnis

Im folgenden sei die im Rahmen der vorliegenden Schrift verwendete Literatur angegeben, zum zweiten möchte ich Ihnen einige Literaturhinweise geben, mit deren Hilfe Sie in kurzer Zeit nachschlagen können, was Sie wissen wollen (nutzen Sie möglichst - falls vorhanden - das Schlagwort- oder Stichwortregister am Ende der jeweiligen Veröffentlichung):

Ausbildungs- und Prüfungsordnung Studiengang Sozialwirtschaft an Berufsakademien in Baden-Württemberg 2001. Stuttgart.

BADRY, Elisabeth/KNAPP, Rudolf/STOCKINGER, Hans Gerhard 1998[3]: Arbeitshilfen für Studium und Praxis der Sozialarbeit und Sozialpädagogik. Neuwied, Kriftel (Luchterhand).

BANGO, Jenö 2000: Wissenschaftliches Arbeiten in der Sozialarbeit. Eine Einführung für Studierende und Lehrende. Wiesbaden (Westdeutscher Verlag).

BÜNTING, Karl-Dieter/BITTERLICH, Alex/POSPIECH, Ulrike 2002[3]: Schreiben im Studium mit Erfolg. Ein Leitfaden. Berlin (Cornelsen Scriptor).

FRANCK, Norbert 2000: Schlüsselqualifikationen vermitteln. Ein hochschuldidaktischer Leitfaden. Marburg/Lahn (Tectum Verlag).

FRANCK, Norbert 2002[5]: Fit fürs Studium. Erfolgreich reden, lesen, schreiben. München (dtv).

GERHARDS, Gerhard 1995[8]: Seminar-, Diplom- und Doktorarbeit. Bern, Stuttgart, Wien (Verlag Paul Haupt).

HÖGE, Holger 2002[2]: Schriftliche Arbeiten im Studium. Ein Leitfaden zur Abfassung wissenschaftlicher Texte. Stuttgart (Kohlhammer Verlag).

JACOB, Rüdiger 1997: Wissenschaftliches Arbeiten. Eine praxisorientierte Einführung für Studierende der Sozial- und Wirtschaftswissenschaften. Opladen/Wiesbaden (Westdeutscher Verlag).

KRUSE, Otto 2000[8]: Keine Angst vor dem leeren Blatt. Ohne Schreibblockaden durchs Studium. Frankfurt/Main, New York (Campus).

PAETZEL, Ulrich 2001: Wissenschaftliches Arbeiten. Überblick über Arbeitstechnik und Studienmethodik. Berlin (Cornelsen).

PETERSSEN, Wilhelm H. 1996[5]: Wissenschaftliche(s) Arbeiten. Eine Einführung für Schüler und Studenten. München (Ehrenwirth).

PRESLER, Gerd 2002: Referate schreiben - Referate halten. Ein Ratgeber. München (Wilhelm Fink Verlag).

ROST, Friedrich 1999[2]: Lern- und Arbeitstechniken für pädagogische Studiengänge. Opladen (Leske & Budrich).

RÜCKRIEM, Georg/STARY, Joachim/FRANCK, Norbert 1997[10]: Die Technik wissenschaftlichen Arbeitens. Eine praktische Anleitung. Paderborn, München, Wien, Zürich (Schöningh).

SOMMER, Bernd 2002: Psychische Gewalt gegen Kinder. Sozialwissenschaftliche Grundlagen und Perspektiven. Marburg/Lahn (Tectum Verlag).

Wenn Sie einen Einblick gewinnen wollen in „übergeordnete" Zusammenhänge von *Wissenschaftlichem(n) Arbeiten*, so empfehle ich Ihnen die folgende Literatur:

JUNNE, Gerd 1993[3]: Kritisches Studium der Sozialwissenschaften. Eine Einführung in Arbeitstechniken. Stuttgart, Berlin, Köln (Kohlhammer).

NARR, Wolf-Dieter/STARY, Joachim (Hg.) 2000[2]: Lust und Last des wissenschaftlichen Schreibens. Hochschullehrerinnen und Hochschullehrer geben Studierenden Tips. Frankfurt/Main (Suhrkamp).

SOMMER, Bernd 2000: Zur Konzeption eines Einführungsseminars „Wissenschaftliches Arbeiten". Didaktische Überlegungen zur Seminarplanung an der Berufsakademie Villingen-Schwenningen, Fachbereich Sozialwesen. In: Unsere Jugend (52. Jg.) 2000, 7/8, 320-331.

WAGNER, Wolf 1997[4]: Uni-Angst und Uni-Bluff. Wie studieren und sich nicht verlieren. Hamburg (Rotbuch Verlag).

WERDER, Lutz von 1995: Grundkurs des wissenschaftlichen Schreibens. Berlin (Schibri Verlag).

Stichwortverzeichnis

Abbildungen 113, 119, 120
Abkürzungen 110, 113, 118, 119
Abschlußarbeit 104, 107
Anhang 110, 111, 113, 120
Anmerkungen 104, 109, 114, 120, 124, 128
Arbeitsschritte 105, 108, 125, 127, 128, 131, 132, 133
Argumentation 121, 125, 126, 128, 130, 132
Auflage 119
Ausbildungs- und Prüfungsordnung 111, 112
Auslassungen 123

Berufsakademie 103, 109, 111, 112, 113, 114, 115, 118, 120, 121, 124
Betreuer 104, 128, 129, 130
Bibliothek 127, 130

Datei 110
Diplomarbeit 103, 104, 107, 110, 111, 112, 113, 114, 115, 116, 118, 121, 125, 128, 129, 136

Einführung 103, 104, 116
Einleitung 107, 110, 111, 113, 116, 117, 136
Erklärung 112, 113, 121
Erscheinungsjahr 119, 124
Exzerpieren 108, 127, 130

Fassung 114, 128, 129, 131, 132
Fragestellung 112, 113, 125, 126, 127, 129, 133, 134, 135, 136, 137
Fußnote 109, 121, 122, 124

Gliederung 111, 113, 116, 127, 129, 130, 131, 133, 134, 136, 137

Hauptteil 111, 113, 116, 125, 136, 137

Inhaltsverzeichnis 105, 110, 111, 113, 116, 117

Kriterien wissenschaftlichen Arbeitens 105, 108, 115, 125, 126, 132

Lesen 108, 127, 128, 130, 132, 133
Literatursuche 127, 129, 134
Literaturverzeichnis 105, 111, 113, 118, 119, 123, 124, 128, 131, 135, 136

Mindestseitenzahl 110

Nachvollziehbarkeit 126, 132

Quellen 111, 112, 121, 124, 127, 128
Quellenangabe 121, 122, 123, 124, 131
Quellennachweis 122

Referat 107, 111
Reflexionsbericht 112
Rohfassung 128, 131

Schluß 110, 111, 113, 116, 134, 135, 136, 137
Schreibprojekt 105, 107, 113, 125, 127, 130, 132, 133
Schriftart 110
Schriftgröße 109, 110
Schwerpunkte 111, 113, 116, 125, 129, 133
Seitenrand 109
Seitenzahl 110, 119, 124
Selbständigkeitserklärung 105, 113, 121
Selbsterfahrung 107, 108, 130
Selbsterkundung 107
Seminararbeit 103, 104, 107, 109, 111
Sozialwirtschaft 111, 112
Studienarbeit 111, 113

Tabellen 105, 110, 113, 119, 120
Thema 108, 112, 114, 116, 121, 125, 127, 128, 129, 130, 133
Themenstellung 113, 121, 129, 130, 131, 134, 136
These 122, 134, 135
Titel/Titelblatt 105, 110, 111, 113, 114, 115, 116, 119, 120, 124, 125, 129, 133

Überarbeiten 128, 131
Umfang 109, 110, 111, 113, 136

Verlag 120, 124
Vollständigkeit 126, 128, 131, 132
Vorgaben 103, 105, 108, 109, 110, 113, 114, 127, 128, 131, 132

Literaturverzeichnis

Ausbildungs- und Prüfungsordnung Studiengang Sozialwirtschaft an Berufsakademien in Baden-Württemberg 2001. Stuttgart.

BADRY, E. 1994: Grundlagen und Grundfragen des Pädagogischen. In: BADRY, E./BUCHKA, M./KNAPP, R. (Hg.), Pädagogik. Grundlagen und Arbeitsfelder. Neuwied, Kriftel, Berlin 1994², 29-86.

BADRY, E./BUCHKA, M./KNAPP, R. (Hg.) 1994²: Pädagogik. Grundlagen und Arbeitsfelder. Neuwied, Kriftel, Berlin.

BADRY, E./KNAPP, R./STOCKINGER, H. G. 1998³: Arbeitshilfen für Studium und Praxis der Sozialarbeit und Sozialpädagogik. Neuwied, Kriftel.

BANGO, J. 2000: Wissenschaftliches Arbeiten in der Sozialarbeit. Eine Einführung für Studierende und Lehrende. Wiesbaden.

BAUER, K.-O. 1997: Professionelles Handeln in pädagogischen Feldern. Ein Übungsbuch für Pädagogen, Andragogen und Bildungsmanager. Weinheim, München.

BÖTTCHER, W./ZIELINSKI, J. 1973: Wissenschaftliches Arbeiten. Arbeitsanleitung für Studium und Selbststudium. Düsseldorf.

BREZINKA, W. 1981⁴: Grundbegriffe der Erziehungswissenschaft. Analyse, Kritik, Vorschläge. München, Basel.

BUCHKA, M. 1994 a: Beruf: Sozialpädagoge. In: BADRY, E./BUCHKA, M./KNAPP, R. (Hg.), Pädagogik. Grundlagen und Arbeitsfelder. Neuwied, Kriftel, Berlin 1994², 161-166.

BUCHKA, M. 1994 b: Grundlagen sozialpädagogischen Handelns. In: BADRY, E./BUCHKA, M./KNAPP, R. (Hg.), Pädagogik. Grundlagen und Arbeitsfelder. Neuwied, Kriftel, Berlin 1994², 189-197.

BUCHKA, M. 1994 c: Grundformen sozialpädagogischen Handelns. In: BADRY, E./BUCHKA, M./KNAPP, R. (Hg.), Pädagogik. Grundlagen und Arbeitsfelder. Neuwied, Kriftel, Berlin 1994², 199-233.

BÜNTING, K.-D./BITTERLICH, A./POSPIECH, U. 2002³: Schreiben im Studium mit Erfolg. Ein Leitfaden. Berlin.

Deutscher Verein für öffentliche und private Fürsorge (Hg.) 1997⁴: Fachlexikon der Sozialen Arbeit. Frankfurt/Main.

DEWE, B./FERCHHOFF, W./RADTKE, F.-O. (Hg.) 1992: Erziehen als Profession. Zur Logik professionellen Denkens in pädagogischen Feldern. Opladen.

ENGELKE, E. 1993²: Soziale Arbeit als Wissenschaft. Eine Orientierung. Freiburg/Brsg.

ERLER, M. 1993: Soziale Arbeit. Ein Lehr- und Arbeitsbuch zu Geschichte, Aufgaben und Theorie. Weinheim, München.

EYFERTH, H./OTTO, H.-U./THIERSCH, H. (Hg.) 1984: Handbuch zur Sozialarbeit/Sozialpädagogik. Neuwied.

FINIS-SIEGLER, B. 1997: Ökonomik Sozialer Arbeit. Freiburg/Brsg.

FRANCK, N. 2000: Schlüsselqualifikationen vermitteln. Ein hochschuldidaktischer Leitfaden. Marburg/Lahn.

FRANCK, N. 2002[5]: Fit fürs Studium. Erfolgreich reden, lesen, schreiben. München.

FRANCK, N./STARY, J. 2003[11]: Die Technik wissenschaftlichen Arbeitens. Eine praktische Anleitung. Paderborn.

GALUSKE, M. 1998: Methoden der Sozialen Arbeit. Eine Einführung. Weinheim, München.

GERHARDS, G. 1995[8]: Seminar-, Diplom- und Doktorarbeit. Bern, Stuttgart, Wien.

GERSPACH, M. 2000: Einführung in pädagogisches Denken und Handeln. Stuttgart, Berlin, Köln.

GIESECKE, H. 1990: Einführung in die Pädagogik. München.

GIESECKE, H. 1996[5]: Pädagogik als Beruf. Grundformen pädagogischen Handelns. Weinheim, München.

GIESECKE, H. 2000[7]: Pädagogik als Beruf. Grundformen pädagogischen Handelns. Weinheim, München.

GLÜCKHER, H./GSCHWEND, T./JECHLE, T./NITZL, I. 1995: Das Referat. Ein Leitfaden für Studierende. Universität Freiburg - Erziehungswissenschaft I. Freiburg/Brsg.

GORGES, R. 1996: Didaktik. Eine Einführung für soziale Berufe. Freiburg/Brsg.

GUDJONS, H. 2003[8]: Pädagogisches Grundwissen. Überblick - Kompendium - Studienbuch. Bad Heilbrunn/Obb.

HEID, H. 1997: Erziehung. In: LENZEN, D. (Hrsg.), Erziehungswissenschaft. Ein Grundkurs. Reinbek bei Hamburg 1997[3], 43-68.

HOBMAIR, H. (Hrsg.) 1996[2]: Pädagogik. Köln.

HÖGE, H. 2002[2]: Schriftliche Arbeiten im Studium. Ein Leitfaden zur Abfassung wissenschaftlicher Texte. Stuttgart, Berlin, Köln.

JACOB, R. 1997: Wissenschaftliches Arbeiten. Eine praxisorientierte Einführung für Studierende der Sozial- und Wirtschaftswissenschaften. Opladen/Wiesbaden.

JUNNE, G. 1993[3]: Kritisches Studium der Sozialwissenschaften. Eine Einführung in Arbeitstechniken. Stuttgart, Berlin, Köln.

KLAFKI, W. 1985: Neue Studien zur Bildungstheorie und Didaktik. Beiträge zur kritisch-konstruktiven Didaktik. Weinheim, Basel.

KLINGBERG, L. 1972: Einführung in die allgemeine Didaktik. Berlin.

KNAPP, R. 1994: Konstitutive Momente pädagogischer Situationen. In: BADRY, E./BUCHKA, M./KNAPP, R. (Hg.), Pädagogik. Grundlagen und Arbeitsfelder. Neuwied, Kriftel, Berlin 1994², 87-116.

KREFT, D./MIELENZ, I. (Hg.) 1988³: Wörterbuch Soziale Arbeit. Aufgaben, Praxisfelder, Begriffe und Methoden der Sozialarbeit/Sozialpädagogik. Weinheim, Basel.

KRON, F.W. 1994² a: Grundwissen Didaktik. München, Basel.

KRON, F.W. 1994⁴ b: Grundwissen Pädagogik. München, Basel.

KRUSE, O. 1994: Studieren an der Massenuniversität. Probleme und neue Konzepte. In: KNIGGE-ILLNER, H./KRUSE, O. (Hg.), Studieren mit Lust und Methode. Neue Gruppenkonzepte für Beratung und Lehre. Weinheim 1994, 7-12.

KRUSE, O. 2000⁸: Keine Angst vor dem leeren Blatt. Ohne Schreibblockaden durchs Studium. Frankfurt/Main, New York.

LANGEWAND, A. 1997: Bildung. In: LENZEN, D. (Hrsg.), Erziehungswissenschaft. Ein Grundkurs. Reinbek bei Hamburg 1997³, 69-98.

LENZEN, D. 1999: Orientierung Erziehungswissenschaft. Was sie kann, was sie will. Reinbek bei Hamburg.

MARTIN, E. 1997⁴: Didaktik der sozialpädagogischen Arbeit. Eine Einführung in die Probleme und Möglichkeiten. Weinheim, München.

MÜLLER, B. 1997³: Sozialpädagogisches Können. Ein Lehrbuch zur multiperspektivischen Fallarbeit. Freiburg/Brsg.

NARR, W.-D./STARY, J. (Hg.) 2000²: Lust und Last des wissenschaftlichen Schreibens. Hochschullehrerinnen und Hochschullehrer geben Studierenden Tips. Frankfurt/Main.

NIEMEYER, C. 1999: Theorie und Praxis der Sozialpädagogik. Münster.

OTTO, H.-U./THIERSCH, H. (Hg.) 2001²: Handbuch Sozialarbeit/Sozialpädagogik. Neuwied, Kriftel.

PAETZEL, U. 2001: Wissenschaftliches Arbeiten. Überblick über Arbeitstechnik und Studienmethodik. Berlin.

PETERSSEN, W.H. 1989²: Lehrbuch Allgemeine Didaktik. München.

PETERSSEN, W. H. 1996⁵: Wissenschaftliche(s) Arbeiten. Eine Einführung für Schüler und Studenten. München.

PFAFFENBERGER, H. 1992: Zur beruflichen und disziplinären Identität der Sozialarbeit/ Sozialpädagogik. In: VAHSEN, F.G. (Hrsg.), Paradigmenwechsel in der Sozialarbeit. Bielefeld 1992, 230-242.

PFAFFENBERGER, H. 1994: Sozialpädagoge/Sozialarbeiter, Sozialpädagogin/Sozialarbeiterin. In: ROTH, L. (Hrsg.), Pädagogik. Handbuch für Studium und Praxis. Studienausgabe. München 1994, 988-1001.

PRESLER, G. 2002: Referate schreiben – Referate halten. Ein Ratgeber. München.

RAUSCHENBACH, T. 1997: Der Sozialpädagoge. In: LENZEN, D. (Hrsg.), Erziehungswissenschaft. Ein Grundkurs. Reinbek bei Hamburg 1997^3, 253-282.

RÖHRS, H. 1969: Forschungsmethoden in der Erziehungswissenschaft. In: Enzyklopädie der geisteswissenschaftlichen Arbeitsmethoden (7. Lieferung): Methoden der Psychologie und Pädagogik. München, Wien 1969, 305-331.

ROST, F. 1997: Techniken wissenschaftlichen Arbeitens. In: LENZEN, D. (Hrsg.), Erziehungswissenschaft. Ein Grundkurs. Reinbek bei Hamburg 1997^3, 592-624.

ROST, F. 1999^2: Lern- und Arbeitstechniken für pädagogische Studiengänge. Opladen.

RÜCKRIEM, G./STARY, J. 1996: Ist wissenschaftliches Arbeiten lehrbar? In: Das Hochschulwesen 1996, 2, 96-106.

RÜCKRIEM, G./STARY, J./FRANCK, N: 1997^{10}: Die Technik wissenschaftlichen Arbeitens. Eine praktische Anleitung. Paderborn, München, Wien, Zürich.

SCHILLING, J. 1995^2: Didaktik/Methodik der Sozialpädagogik. Grundlagen und Konzepte. Neuwied, Kriftel, Berlin.

SCHRÖDER, H. 1992^2: Grundwortschatz Erziehungswissenschaft. Ein Wörterbuch der Fachbegriffe. Von „Abbilddidaktik" bis „Zielorientierung". München.

SCHULTE-STEINICKE, B./PETER, J. 2000: Locker durch Studium und Prüfung mit Selbstlerntechniken. Berlin, Milow.

SCHWENDTKE, A. (Hrsg.) 1995^4: Wörterbuch der Sozialarbeit und Sozialpädagogik. Heidelberg, Wiesbaden.

SOMMER, B. 1997 a: Pädagogik in der Neurologischen Rehabilitation hirngeschädigter Kinder und Jugendlicher - Zur Notwendigkeit einer wissenschaftlichen Grundlegung. In: Unsere Jugend (49) 1997, 1, 18-21.

SOMMER, B. 1997 b: Pädagogik in der Neurologischen Rehabilitation hirngeschädigter Kinder und Jugendlicher. In: STEINEBACH, C. (Hrsg.), Heilpädagogik für chronisch kranke Kinder und Jugendliche. Freiburg/Brsg. 1997, 175-186.

SOMMER, B. 1998 a: Pädagogik und Neurologische Rehabilitation hirngeschädigter Kinder, Jugendlicher und junger Erwachsener - Versuch einer Standortbestimmung. Schriftenreihe Jugendwerk - Beiträge zur Neurologischen Rehabilitation von Kindern, Jugendlichen und jungen Erwachsenen Bd. 5. Gailingen.

SOMMER, B. 1998 b: Zur Konzeption eines Einführungsseminars Gewalt gegen Kinder/Kindesmißhandlung. Didaktische Überlegungen zur Seminarplanung an der Berufsakademie Villingen-Schwenningen, Fachbereich Sozialwesen. In: Unsere Jugend (50) 1998, 9, 414-420.

SOMMER, B. 1999: Pädagogik und Neurologische Rehabilitation hirngeschädigter Kinder, Jugendlicher und junger Erwachsener. Standortbestimmung und Perspektiven einer wissenschaftlichen Grundlegung. Egelsbach, Frankfurt/Main, München, New York.

SOMMER, B. 2000 a: Zur Konzeption eines Einführungsseminars „Wissenschaftliches Arbeiten". Didaktische Überlegungen zur Seminarplanung an der Berufsakademie Villingen-Schwenningen, Fachbereich Sozialwesen. In: Unsere Jugend (52) 2000, 7/8, 320-331.

SOMMER, B. 2000 b: Gewalt gegen Kinder/Kindesmißhandlung. Didaktische Überlegungen zu Konzeption, Durchführung und Auswertung von Einführungsseminaren für Studenten der Sozialpädagogik. Egelsbach, Frankfurt/Main, München, New York.

SOMMER, B. 2002 a: Psychische Gewalt gegen Kinder. Sozialwissenschaftliche Grundlagen und Perspektiven. Marburg/Lahn.

SOMMER, B. 2002 b: Gewalt gegen Kinder/Kindesmißhandlung. Grundlagen für Fortbildungsveranstaltungen und Selbststudium. Marburg/Lahn.

SOMMER, B. 2002 c: Das sozialpädagogische Denken und Handeln zwischen Sachzielorientierung, ethischer Orientierung und Kundenorientierung oder: Wie denkt und handelt ein Sozialpädagoge? In: BECKER, H.E. (Hrsg.), Das Sozialwirtschaftliche Sechseck. Freiburg/ Brsg. 2002, 183-209.

SOMMER, B. 2003: Schriftliche wissenschaftliche Arbeiten. Eine Einführung in Grundgedanken und Grundlagen Wissenschaftlicher(n) Arbeiten(s); hektograph. Manuskript am Fachbereich Sozialwirtschaft der Berufsakademie Villingen-Schwenningen. Villingen-Schwenningen.

STADLER, H. 1996: Pädagogische Aufgaben in der Rehabilitation Hirngeschädigter. In: Rehabilitation (35) 1996, 109-116.

STANDOP, E. 1988[12]: Die Form der wissenschaftlichen Arbeit. Heidelberg.

STARY, J./KRETSCHMER, H. 2000[2]: Umgang mit wissenschaftlicher Literatur. Eine Arbeitshilfe. Frankfurt/Main.

STEINER, V. 2003[7]: Exploratives Lernen. Der persönliche Weg zum Erfolg. Ein Arbeitsbuch für Studium, Beruf und Weiterbildung. Zürich, München.

THEISEN, M.R. 1993: ABC des wissenschaftlichen Schreibens. München.

THIESEN, P. 1991: Sozialpädagogik lehren. Kleines Kompendium des Unterrichtens an Ausbildungsstätten für Sozialpädagogik/Sozialarbeit. Weinheim, Basel.

WAGNER, W. 1997[4]: Uni-Angst und Uni-Bluff. Wie studieren und sich nicht verlieren. Hamburg.

WALLER, A. 1995: Das Referat und die Leere. In: GLÜCKHER, H. et al., Das Referat. Ein Leitfaden für Studierende. Freiburg/Brsg. 1995, 63.

WEINSCHENK, R. 1976: Didaktik und Methodik für Sozialpädagogen. Bad Heilbrunn.

WENDT, W.R. 1985 a: Als Sozialarbeiter ökonomisch denken und handeln?: Beiträge der Wirtschaftswissenschaft. In: WENDT, W.R. (Hrsg.), Studium und Praxis der Sozialarbeit. Beiträge zur Ausbildung und zu den Arbeitsfeldern. Stuttgart 1985, 42-61.

WENDT, W.R. 1985 b: Ethik für Sozialpädagogen. In: WENDT, W.R. (Hrsg.), Studium und Praxis der Sozialarbeit. Beiträge zur Ausbildung und zu den Arbeitsfeldern. Stuttgart 1985, 113-121.

WERDER, L. von 1995: Grundkurs des wissenschaftlichen Schreibens. Berlin.

WOLFF, R. 1975: Unterrichtsplan für eine soziologische Anfänger-Übung zum Thema: Gewalt gegen Kinder - Kindesmißhandlung und ihre gesellschaftlichen Ursachen. In: BAST, H./BERNECKER, A./KASTIEN, I./SCHMITT, G./WOLFF, R. (Hg.), Gewalt gegen Kinder. Kindesmißhandlungen und ihre Ursachen. Reinbek bei Hamburg 1975, 357-365.

Angaben zu dem Verfasser

Bernd Sommer, Dr. phil., Diplom-Pädagoge mit Studienschwerpunkt Heil- und Sonderpädagogik, nach langjähriger Mitarbeit im Sozialpädagogischen Dienst eines Neurologischen Rehabilitationszentrums für hirngeschädigte Kinder, Jugendliche und junge Erwachsene hauptamtliche Leitung des Fernstudienzentrums Villingen-Schwenningen für Studierende der Fern-Universität in Hagen, nebenberuflicher Mentor im Fachbereich Kultur- und Sozialwissenschaften (Erziehungswissenschaften) der Fern-Universität in Hagen, nebenberuflicher Lehrbeauftragter an der Berufsakademie Villingen-Schwenningen, Fachbereich Sozialwesen und Fachbereich Sozialwirtschaft, ehrenamtlicher Mitarbeiter in einer psychosozialen Beratungsstelle für Kinder, Jugendliche und Erwachsene.

Seine Arbeits-, Lehr- und Forschungsschwerpunkte liegen in, einschlägige Veröffentlichungen stammen aus den Themen- und Problembereichen *Wissenschaftliches Arbeiten, Gewalt gegen Kinder/Kindesmißhandlung, Biographie und Behinderung, Pädagogik und Rehabilitation, Didaktik in der außerschulischen Bildung, Didaktik und Methodik der Erwachsenenbildung.*

Des weiteren bietet der Verfasser Fortbildungsveranstaltungen in folgenden Bereichen Sozialer Arbeit an: *Wissenschaftliches Arbeiten, Pädagogik und Rehabilitation, Einführung in didaktisch-methodisches Denken und Handeln.*

Darüber hinaus bemüht er sich um die qualitative Aufwertung didaktischer Fragestellungen in der Ausbildung von pädagogischen Berufsgruppen sowie um die Betonung des Stellenwertes einer grundständigen wissenschaftlichen Qualifizierung als zentraler Aufgabenbereich der akademischen und nicht-akademischen Lehre.

Der Verfasser ist dankbar für kritische Rückmeldungen, konstruktive Anmerkungen und interessierte Anfragen der Leser/innen, die an die folgende Anschrift gerichtet werden können:

Dr. Bernd Sommer
Fernstudienzentrum Villingen-Schwenningen
für Studierende der Fern-Universität in Hagen
Frühlingshalde 85
78056 VS-Schwenningen
Tel. 07720/956655
Fax. 07720/956656
E-Mail:
stz-vs@fernuni-hagen.de
Bernd.Sommer@fernuni-hagen.de

www.ingramcontent.com/pod-product-compliance
Lightning Source LLC
Chambersburg PA
CBHW020126010526
44115CB00008B/989